Les ensembles décoratifs en droit

Enjeux juridiques de la protection patrimoniale des meubles et des immeubles formant une cohérence d'ensemble

Droit du patrimoine culturel et naturel
Collection dirigée par Marie Cornu et Jérôme Fromageau

Cette collection initiée par le groupe de recherches « Droit du patrimoine culturel et naturel » a pour but de développer et enrichir la réflexion sur les objets et modes de protection dans le domaine du patrimoine culturel et naturel. Les questions que soulèvent la conservation, la circulation, la valorisation du patrimoine sollicitent, en effet, ces deux disciplines. Le contexte d'un monument historique, son environnement, le paysage dans lequel il s'inscrit sont souvent essentiels à sa mise en valeur. Le droit de la culture et le droit de l'environnement développent cependant des concepts propres. Ils ne sont pas toujours en accord sur les méthodes et les moyens de protection, d'où l'intérêt de la confrontation et de la comparaison des ressources tirées de ces deux dispositifs.

C'est pourquoi la réflexion doit se renouveler sur les concepts fondamentaux du patrimoine sur la délimitation des éléments qui méritent protection, des outils qu'il faut nécessairement adapter. Dans la compréhension des différents mécanismes et l'ouverture vers de nouveaux modèles, le droit comparé est essentiel, ainsi que le droit international.

Dernières parutions

Géraldine GOFFAUX CALLEBAUT (dir.), *Éthique et patrimoine culturel. Regards croisés*, 2016.
Sophie MONNIER, Karen FIORENTINO, *Les archives hospitalières*, 2016.
Marie-Christine PIATTI, Alexandre QUIQUEREZ (dir.), *L'accès aux biens culturels*, 2016.
Marie CORNU, Jérôme FROMAGEAU, Yann POTIN (dir.), *Les archives et la genèse des lois*, 2016.
Nathalie BETTIO, Pierre-Alain COLLOT, Nicoletta PERLO, Karl-Henri VOIZARD (dir.), *La valorisation économique des biens culturels locaux en France et en Italie*, 2016.
Abdoulaye CAMARA, Vincent NÉGRI (dir.), *La protection du patrimoine archéologique*, 2016.
Mylène LE ROUX (dir.), *Crise et patrimoine monumental*, 2016.

Inès Lamouri

Les ensembles décoratifs en droit

Enjeux juridiques de la protection patrimoniale des meubles et des immeubles formant une cohérence d'ensemble

L'Harmattan

5-7, rue de l'Ecole-Polytechnique, 75005 Paris

http://www.editions-harmattan.fr

ISBN : 978-2-343-14989-9
EAN : 9782343149899

Sommaire

Avant-propos

Ce mémoire a été réalisé durant l'année universitaire 2015/2016 (Master 2 droit public fondamental, université Paris 1 Panthéon Sorbonne) sous la direction du Professeur Norbert Foulquier et soutenu le 29 juin 2016 devant un jury composé des Professeurs Norbert Foulquier et Fabrice Melleray. Il a obtenu le prix « Pierre-Laurent Frier » délivré par l'association Patrimoine Environnement le 30 octobre 2017.

Lors de la rédaction du mémoire, la loi « Liberté de la création, architecture et patrimoine » était en débat devant le Sénat. Adoptée le 7 juillet 2016, elle propose une protection des ensembles décoratifs dont la teneur n'a pas été significativement altérée au cours de la navette parlementaire. Les développements relatifs à ce qui était encore un projet de loi sont donc toujours d'actualité. L'entrée en vigueur de la loi, anticipée lors de la rédaction du mémoire, ne modifie pas la thèse soutenue dans ce travail. L'objectif était en effet de saisir, en droit, l'expression du lien d'indivisibilité et d'immobilisation appliquée à la matière patrimoniale. Il s'agissait aussi de faire le point sur une question qui agite le droit du patrimoine culturel depuis plusieurs décennies.

La concrétisation législative de la protection est importante, le travail législatif nous renseigne sur la maturation juridique de cette protection et sur sa réception tantôt passionnée tantôt indifférente. L'enjeu de ce travail ne se trouvait cependant pas là - bien qu'il ne pût en faire l'économie – mais dans la recherche d'une conceptualisation juridique de l'objet des ensembles décoratifs. Il s'agissait de le positionner dans une histoire contemporaine du droit du patrimoine (depuis la loi du 30 mars 1887 principalement) et dans ses outils structurants (la servitude / le contrôle des exportations). L'ambition était, dans un premier temps, d'essayer de comprendre pourquoi une telle disposition n'a pu être intégrée plus tôt dans le droit du patrimoine culturel. Le retard accusé par la protection des biens mobiliers, la déférence due à la propriété privée et la requalification des immeubles par destination en biens meubles dans la loi de 1913[1], expliquent le blocage général sur cette question.

La consécration de la protection des ensembles dans le droit n'épuise pas le sujet et n'invalide pas les raisonnements développés dans ce travail – antérieur à la loi LCAP - et succinctement présentés ici. Il convient cependant de le compléter par les nouvelles dispositions récemment introduites dans le Code du patrimoine :

- La nécessité de demander une autorisation pour le détachement des effets mobiliers attachés à perpétuelle demeure à des immeubles protégés (article L 621-9 al. 2)
- La possibilité de classer des collections, éventuellement d'office (L622-1-1)
- La possibilité, seulement avec l'accord du propriétaire, de grever un bien classé d'une servitude d'immobilisation lorsqu'il forme avec un immeuble, lui-même classé, un ensemble d'une « qualité et d'une cohérence dont la

[1] Loi du 23 juillet 1927 portant modification de la loi du 31 décembre 1913, JORF du 26 juillet 1927 p. 7722. Conduit à interdire l'arrachement de morceaux d'immeubles protégés et permet d'imposer autoritairement leur remise en place. Ne sont concernés par cette disposition que les immeubles par nature. Or la loi de 1913 a distingué les immeubles par nature des immeubles par destination qui sont considérés comme des biens meubles.

conservation dans son intégrité présente un intérêt public » (L622-1-2)

On constate que la loi de 2016 s'est essentiellement concentrée sur la question des collections – via le prisme des collections archéologiques notamment – et moins sur l'immobilisation des décors. La servitude d'immobilisation, dépendante de l'accord du propriétaire, pourrait trouver des difficultés à s'appliquer. Si la loi de 2016 n'est pas revenue sur la qualification mobilière des immeubles par destination en droit du patrimoine, elle encadre pour la première fois leur détachement dans l'objectif d'éviter un nouveau scandale des Châteaux Japonais. La facilité avec laquelle ces dispositions ont été introduites en droit positif est confondante en ce qu'elle tranche avec les débats antérieurs. Il n'en reste pas moins que la question de la protection des ensembles décoratifs est une entrée intéressante pour appréhender la prise en compte par le droit des principes de la conservation.

Introduction

« Vous le savez trop bien mon ami, que diviser c'est détruire[2] ».

C'est en ces termes qu'Antoine Chrysostome Quatremère de Quincy s'adressait à son ami Miranda pour l'informer des désastres qu'occasionne la séparation des œuvres d'art de leur environnement. L'œuvre d'art perd de sa valeur et de son sens lorsqu'elle est séparée de la Nation qui l'a vue naître et du lieu de conservation qui la fait vivre. Deux siècles plus tard, reprenant à son compte les propos du critique d'art, Jean-Michel Leniaud, ardent défenseur du patrimoine et de la conservation solidaire et *in situ* des biens, s'exprime ainsi : « Un meuble dans son contexte est infiniment plus riche que hors de son contexte. Un dessin dans une collection est infiniment plus intéressant qu'un dessin isolé[3]». Les ensembles, compris comme la réunion de plusieurs biens ayant une cohérence entre eux, sont des gages de valeur. Ils nous assurent que nous comprenons correctement la signification d'une œuvre ou l'histoire d'un style. Malheureusement, « ils sont aussi périssables que leur créateur[4] ». L'irrésistible fragilité des ensembles tient à leur dimension personnelle et immatérielle.

---

[2] A-C. QUATREMÈRE DE QUINCY, Le préjudice qu'occasionneront aux arts et à la science, le déplacement des monuments de l'art de l'Italie, le démembrement de ses Écoles, et la spoliation de ses Collections, Galeries, Musées, etc., 1796.

[3] H. COUTAU-BÉGARIE, J-M. SCHMITT, *Le patrimoine mobilier : quelle politique européenne ?* Actes de la conférence de Saragosse, Institut supérieur des arts Economica, 1990.

[4] Entretiens du patrimoine, Saintes, Abbaye aux Dames, novembre 1992 – Paris, Direction du patrimoine : Caisse nationale des monuments historiques et des sites ; association pour la connaissance et la mise en

La notion d'ensemble décoratif n'est pas juridique, elle vise une catégorie de l'histoire de l'art et renvoie plus précisément à une forme d'expression des arts décoratifs. C'est à l'objet en tant qu'élément de fait qu'il faut d'abord s'intéresser (I) avant de rechercher quelles sont les données qui rendent son étude juridique légitime et nécessaire (II). Une fois la détermination de l'intérêt juridique acquise, comment doit-on se positionner, non seulement par rapport au droit dans son ensemble, conçu en termes de branches (III), mais aussi par rapport au droit en phase d'être créé ; en l'occurrence, le projet de loi actuel concernant les ensembles[5] (IV) ?

I. La définition de l'objet

Définir ce que l'on entend par « ensemble décoratif » (A) est un préalable nécessaire pour exposer les limites matérielles du sujet et leur justification (B).

A. Qu'est-ce qu'un « ensemble décoratif » ?

L'expression est vague et il convient de la circonscrire. Les ensembles décoratifs font référence à deux réalités différentes : ils recouvrent à la fois l'union caractérisée d'un immeuble et de ses ornements, ou d'un immeuble et de son ameublement.

Un ensemble concerne plusieurs éléments. Dans les ensembles décoratifs, l'immeuble est la constante. La variable dépend d'un critère matériel caractérisé par l'attache à l'immeuble (les ornements) ou, au contraire, par

---

valeur du patrimoine 1993 (Actes de colloques de la Direction du patrimoine).

[5] Le projet de loi « liberté de la création, architecture et patrimoine » a été adopté en deuxième lecture avec modification par le Sénat le 24 mai 2016.

l'indépendance vis-à-vis de l'immeuble (les meubles dits « volants »).

Le terme « ensemble » suppose l'union, la cohérence. Un ensemble décoratif est le fruit d'une intention, il suppose un acte d'intervention consistant en l'agencement des différentes composantes selon des critères préalablement définis. Par définition, l'ensemble naît d'un nouvel acte de création qui fait suite à la création matérielle de l'œuvre. L'œuvre peut avoir été créée dans l'optique de faire partie de l'ensemble, comme elle peut aussi n'avoir été créée que pour elle-même, sa participation à l'ensemble ayant été décidée ultérieurement.

B. Justifications des limites choisies

Plusieurs limites matérielles peuvent être apportées au sujet. La première limite tient à l'exclusion d'un objet en apparence connexe : les ensembles purement mobiliers qui ne mettent pas en jeu la constante de l'immeuble (1.) La seconde limite tient à une restriction de l'étendue des expressions possibles des ensembles décoratifs à ce que l'on peut appeler la destination somptuaire (2.).

1. L'exclusion des ensembles purement mobiliers

Les ensembles mobiliers ne sont composés que de meubles qui n'entrent pas particulièrement en relation avec un immeuble. Bien que les ensembles mobiliers et les ensembles décoratifs puissent appeler un traitement commun au regard de leur caractéristique première qui est de réunir plusieurs biens, ils ne semblent pas, du point de vue de la logique, devoir être associés. En effet, les ensembles mobiliers font principalement référence à la notion de collection qui recouvre toute une série de réalités (collections d'amateurs, de marchands d'art, d'artistes, d'hommes d'affaires, collections de beaux-arts, collections scientifiques et archéologiques, etc.). Le « collectionnisme » est un phénomène à part entière qui n'a finalement que peu de rapport avec la constitution d'un ensemble décoratif.

C'est donc au nom de la dissemblance des objets mais aussi au titre d'un intérêt juridique qu'il nous semble devoir faire la différence : les ensembles purement mobiliers excluent l'étude du rapport entre le meuble et l'immeuble que le droit peut à l'occasion formaliser.

2. La prédominance de la destination somptuaire

Parler d'ensembles « décoratifs » plutôt que d'ensembles « mixtes » (pour caractériser la variété de la nature des biens réunis) est déjà restrictif. En effet, se limiter aux décors suppose de s'en tenir principalement à ce qui est de l'ordre du somptuaire. Les ensembles décoratifs concernent ainsi en premier lieu les demeures et le monde de l'apparat. Il y a aussi derrière cette limitation une volonté de restriction méthodologique. Les ensembles mixtes pourraient tout aussi bien concerner la problématique de la conservation in situ des vestiges archéologiques, la conservation des archives au sein de leur institution, ou encore les décors des Églises ; autant de cas qui seraient source de confusion. Les lieux de cultes constituent un cas limite : la dimension décorative n'est pas absente mais l'affectation cultuelle prime sur l'intérêt culturel.

La protection des ensembles a de toute évidence un intérêt pour la science de l'histoire de l'art. Comment construire dès lors son intérêt juridique ?

II. La détermination de l'intérêt juridique

Le premier élément qui motive l'existence et le traitement de ce sujet réside dans l'intérêt que le droit a pu témoigner à la problématique des ensembles. Plusieurs propositions et projets de loi ont ainsi tenté d'introduire dans le droit du patrimoine des mécanismes spécifiques de protection visant à prévenir la dispersion des ensembles. Les tentatives en question n'ont jamais abouti. L'une d'elles, adoptée avec modification en deuxième lecture au Sénat, est encore en débat.

A l'occasion des différents essais, la protection des ensembles a suscité emballement (l'impératif de protéger un témoin exceptionnel de l'histoire) et suspicion (l'impossibilité de traduire en droit cette nécessité). C'est de ce décalage que naît l'intérêt juridique de la protection des ensembles décoratifs.

Enfin, un certain intérêt doctrinal pour la question justifie que l'on s'y attarde. Des figures scientifiques en pointe dans le domaine du droit du patrimoine comme Pierre-Laurent Frier ou Marie Cornu ont fait état dans leurs écrits de l'absence pathologique dans le droit de système de protection des ensembles. Si Marie Cornu a d'ores et déjà fourni des développements éclairants sur la question[6], il n'a pas été consacré d'étude spécifique à cet objet.

La protection des ensembles décoratifs, serpent de mer du droit du patrimoine, tente le droit autant qu'elle le repousse. L'objet de ce travail sera donc de démythifier le caractère surprenant ou impossible de cette protection en replaçant la question dans l'état du droit pour comprendre précisément quelles objections elle peut soulever.

---

[6] Notamment dans sa thèse : M. CORNU, *Le droit culturel des biens*, Bruxelles, Bruyant, 1996.

Vouloir situer les ensembles décoratifs dans l'état du droit soulève encore une question : de quel droit parle-t-on ?

III. Le positionnement par rapport aux branches du droit

Aucune restriction n'est apportée dans l'intitulé de ce mémoire quant au domaine juridique étudié. Si le droit du patrimoine est le plus évidemment concerné, il s'agit seulement d'un droit spécial ; s'y limiter conduirait à raisonner en vase clos, en omettant de comprendre les mécanismes d'ensemble. Or, ce sont justement ces mécanismes qui sont les plus éclairants. De l'ambition même de traiter un sujet de droit du patrimoine découle l'approche juridique pluridisciplinaire. La matière patrimoniale est attractive, elle appelle à elle différents champs du droit.

Le droit public est évidemment concerné par ce sujet : la protection du patrimoine émane de l'État, elle s'insère dans une politique de la culture, concerne pour partie les biens des personnes publiques et consiste en un régime légal fondé sur le modèle de la servitude d'utilité publique. L'étude des ensembles rentre de toute évidence dans le champ du droit public, auquel elle ne se réduit cependant pas.

Le droit du patrimoine peut être compris comme un droit spécial du droit civil des biens : il s'applique avant tout à des biens qui sont objets de propriété. C'est par souci de cohérence et d'exhaustivité qu'il nous faudra nécessairement nous intéresser à des éléments de droit privé, particulièrement à des considérations du droit civil des biens qui peuvent constituer le socle de la réflexion.

Le droit entendu largement du point de vue des matières donc, mais quel droit d'un point de vue temporel ? En d'autres termes, comment se situer par rapport au droit positif et au droit en phase d'être concrétisé ?

IV. Le positionnement par rapport au projet de loi actuel sur les ensembles

Le projet de loi déposé par l'ancienne ministre de la Culture Fleur Pellerin concerne pour partie la problématique des ensembles. Il permettrait la protection des ensembles purement mobiliers et, à titre accessoire, l'établissement d'une servitude d'immobilisation avec l'accord du propriétaire. Le projet de loi, centré sur les ensembles mobiliers, n'offre à notre sens qu'une faible protection des ensembles décoratifs.

En raison de l'imprévisibilité essentielle de ce dispositif (on ne sait pas s'il sera adopté et appliqué) et de sa portée restreinte, il ne nous semble pas raisonnable de construire notre travail uniquement à partir de ce qu'il prévoit. Indépendamment du faible intérêt juridique qu'il y aurait à faire le commentaire d'un projet de loi, cela nous conduirait à manquer notre but principal : comprendre la logique intrinsèque de l'objet « ensemble décoratif » d'un point de vue juridique. Savoir ce que le droit a effectivement entendu prévoir est un indice qui permet de comprendre quelles voies peuvent être empruntées.

L'étude du seul droit positif ne suffit pas dans la mesure où il n'existe pas de principe général de protection des ensembles. Sans verser dans le droit fiction, il est autorisé de rechercher comment la protection des ensembles pourrait s'insérer dans le droit et d'identifier les blocages à surmonter.

Il ne convient pas de dresser une liste de tous les moyens envisageables pour protéger les ensembles au regard des postulats que nous entendons poser : *1° les ensembles ont un intérêt patrimonial certain* ; *2° Il est impératif de leur offrir une protection* ; *3° Cette protection, au regard de l'intérêt des ensembles, doit être absolue et non relative* ; *4° Il n'est possible de protéger absolument qu'en passant par la contrainte.* Afin de pousser la réflexion au plus loin, l'étude des ensembles décoratifs est guidée par l'idée première qu'il faut protéger les ensembles. La protection par la contrainte est ainsi considérée comme la seule valable, et c'est au regard de celle-ci que nous évaluerons la faisabilité juridique de la protection.

A la modestie de l'entreprise correspond la simplicité de la problématique : Le droit permet-il de protéger les ensembles ?

Il peut être attribué deux sens au vocable « permettre » et à sa signification au présent de l'indicatif : en tant que tel, le droit positif permet-il de protéger les ensembles ? Cela revient à positionner **les ensembles dans le droit (Partie I)**. Le second sens, moins descriptif et plus prospectif, conduit à se questionner sur la capacité même du droit à se saisir des ensembles. On dépasse ainsi le cadre du droit positif pour rechercher, dans les limites des modes de raisonnement juridiques existants, à élaborer **le droit des ensembles (Partie II)**.

Partie 1 - Les ensembles dans le droit

Les ensembles décoratifs n'ont pas d'existence propre en droit positif. La protection des ensembles décoratifs a par nature vocation à intégrer les dispositions du droit du patrimoine, lequel doit être conçu comme un droit spécial des biens. Traiter des ensembles décoratifs revient à rechercher des mécanismes permettant d'établir des rapports durables entre des biens de nature différente. Il serait alors mal venu, alors même que notre réflexion concerne avant tout des biens, de s'épargner un détour par le droit commun et particulièrement par le droit civil des biens.

Nous rechercherons ainsi comment la question des ensembles décoratifs se positionne dans l'ensemble du droit : dans le droit du patrimoine tout d'abord, puisqu'il s'agit du domaine juridique le plus évidemment concerné (Titre I), dans le droit commun par la suite, qui n'ignore pas cette dimension (Titre II).

Titre 1 - Les ensembles dans le droit du patrimoine

Les ensembles décoratifs ne font pas l'objet d'un intérêt direct du droit du patrimoine mais leur protection est depuis longtemps poursuivie par le droit. Il s'agira alors de voir pourquoi cette dimension est tout à la fois exclue (Chapitre 1) et recherchée (Chapitre 2).

Chapitre 1er : Une dimension exclue

Sans partir du principe que les ensembles décoratifs ont été sciemment exclus du droit du patrimoine, il nous faut rechercher les raisons de cette absence. L'exclusion des ensembles peut être saisie au travers d'une lecture historique du droit du patrimoine (Section 1) et d'une lecture analytique des orientations de la loi de 1913, matrice du droit du patrimoine (Section 2).

Section 1 : Approche historique de la protection des ensembles

Avant les lois de 1887[7] et 1913[8], la protection patrimoniale prend la forme d'une action administrative[9]

---

[7] LOI DU 30 MARS 1887 relative à la conservation des monuments et objets d'art ayant un intérêt historique et artistique, Journal officiel du 31 mars 1887.

[8] LOI DU 31 DÉCEMBRE 1913 sur les monuments historiques, JORF du 4 janvier 1914, p. 129.

[9] Circulaire du 10 août 1837 (MAP 80/1/17).

dont les limites vont rapidement se révéler. La période législative du droit du patrimoine marque un tournant : elle signifie la consécration de l'attention portée à la protection du patrimoine culturel et marque le passage à la contrainte. Les lois du patrimoine ont contribué à construire un ensemble cohérent de règles qui tendent à assurer une protection toujours plus large et efficace ; par opposition à la pratique administrative nécessairement limitée dans son objet et relative dans son application.
Les mécanismes de protection de la fin du XIXème accordent une grande place à l'immeuble et se soucient peu des meubles, rendant la protection des ensembles impossibles (§1) ; ce n'est qu'à l'aube du XXème siècle que le droit du patrimoine fournit de nouveaux modèles permettant alors de l'envisager (§2).

§1. La protection patrimoniale à la fin du XIXème siècle : une protection des ensembles impossible

La « Grande loi » de 1887 incarne le passage à la pratique législative de la protection du patrimoine. Elle donne une portée normative aux classements antérieurs et permet d'en effectuer de nouveaux. La loi est alors centrée sur les propriétés publiques. Le classement des monuments privés ne peut se faire qu'avec le consentement des propriétaires. La protection est centrée sur l'immeuble, principalement public (A), laissant de côté la propriété mobilière, à plus forte raison privée (B).

A. Le modèle dominant de l'immeuble

Pour plusieurs raisons, l'immeuble occupe une place privilégiée dans la protection du patrimoine. Celle-ci tient à la supériorité de l'immeuble en droit des biens (1), mais aussi à des choix de politiques patrimoniales (2).

1. La supériorité de l'immeuble en droit

En droit, l'immeuble jouit d'une place privilégiée. Historiquement, ce sont les biens immobiliers qui sont objets de valeur, de fortune et de pouvoir ; les biens meubles étant considérés comme secondaires. Cette distinction entre les biens fondée sur la valeur s'atténue progressivement sous l'effet de l'avènement de la fortune mobilière.

En matière patrimoniale, la protection a d'abord concerné les immeubles. Cependant, en matière d'art, la distinction tenant à la valeur économique des biens n'est pas toujours pertinente ; les objets mobiliers artistiques ayant toujours eu une valeur conséquente. La distinction ne se situe donc pas sur le plan de la valeur économique mais sur celui de la visibilité, de la force du symbole : les immeubles incarnent, les premiers et de la façon la plus expressive, le patrimoine national.

2. Un choix de politique patrimoniale

L'immeuble est un symbole national saisi par le politique : la limitation de la protection aux immeubles tiendrait ainsi à la volonté de l'État et des services des Beaux-arts[10] de s'y limiter. Source d'un prestige national visible et immédiat, la protection des immeubles est plus valorisée. Du point de vue de l'État, la protection des biens meubles ne présente donc pas la même utilité. Les choix effectués par le droit du patrimoine ne sont pas tous des choix de raison, découlant de la nature propre des biens. Les

---

[10] M. DURUPTY, « L'État et les Beaux-Arts », thèse, Bordeaux, 1964, p. 209. L'auteur met en avant l'explication politique. L'État aurait converti en un choix de raison l'attention portée aux immeubles (en mobilisant l'argument de la propriété privée et la distinction meuble / immeuble). Selon nous, la question politique coexiste avec les autres arguments.

immeubles sont protégés avant tout parce qu'ils sont plus visibles.

Au-delà du faible intérêt national qu'ils présentent, les meubles semblent par ailleurs rétifs à toute forme de protection.

B. Les biens meubles et « l'impénétrabilité » du domicile

Le blocage de la protection des biens meubles se situe au niveau du droit de propriété. Il semble de ce point de vue que l'acceptabilité des atteintes portées à la propriété privée est fonction de la nature, meuble ou immeuble, du bien auquel elles s'appliquent : la propriété mobilière serait par nature plus rétive que la propriété immobilière à toute forme de contrôle.

On constate, dans la construction du droit du patrimoine, un parallélisme de l'extension de la protection à la propriété privée et de l'extension aux biens meubles. De la protection de l'immeuble public à celle du meuble privé, le droit du patrimoine n'a eu de cesse d'élargir son champ. Il n'est pas de notre propos de faire une analyse des raisons qui ont conduit à la fin du XIXème siècle et au début du XXème à ménager la propriété privée. Nous constatons cependant que la protection de la propriété privée, à l'occasion du vote de la loi de 1887[11], est érigée en principe. Les théories économiques libérales qui ont cours à cette époque font de la propriété la clé de voûte de tout un système économique et social[12].

---

[11] Évoqué dans : J-G. COURCEILLE SENEUIL, Rapport sur le projet de loi pour la conservation des monuments ou des objets ayant un intérêt historique ou artistique, Annexe au n° 364, séance des sections réunies du Conseil d'État, distribution du 28 février 1881.

[12] J. ESTÈVE, « L'art et la propriété, la protection des monuments historiques et des sites, l'embellissement des villes », thèse, Nancy, 1924, Librairie de la société du recueil Sirey, 1925, p. 30.

Il semble qu'il soit alors impossible de trouver un intérêt public suffisant pour justifier l'atteinte qui serait portée à la propriété privée mobilière. L'argument tenant à la visibilité des biens protégés occupe une place tout à fait particulière dans la doctrine civiliste antérieure à la loi de 1913 ainsi que dans les thèses consacrées aux monuments historiques. Les auteurs refusent de voir dans la protection des biens meubles propriété privée un intérêt public suffisant dans la mesure où ils ne sont ni visibles ni accessibles au public[13]. L'intérêt général que l'on reconnaît à la protection patrimoniale semble lié à la question des droits du public. La protection des biens meubles propriété privée supposerait de pénétrer dans un espace purement privé qui se dérobe normalement à tout regard. La doctrine mobilise à l'abondance la rhétorique de l'inviolabilité du domicile, des mesures de caractères vexatoires. Protéger les biens meubles supposerait que la puissance publique pénètre dans l'impénétrable, et « supplante [les particuliers] dans l'administration de leur patrimoine[14] ». Cet argument tenant à la visibilité et l'accessibilité des biens comme condition de la protection des meubles privés ne sera pas retenu par la loi de 1913.

Toujours est-il que la référence à la sacralité du domicile permet de comprendre la concentration du droit du patrimoine sur les immeubles. Il se dessine derrière une certaine conception de l'espace privé et de l'espace public

[13] J. MARGUERY, *La protection des objets mobiliers d'intérêt historique ou artistique, législations française et italienne*, thèse, Aix-en-Provence, 1912, Paris, Librairie nouvelle de droit et de jurisprudence, Arthur Rousseau, 1912, p. 148 ; P. LEREBOURGS-PIGEONNIERE, L. JULLIOT DE LA MORANDIERE, « Protection du patrimoine artistique », *RTD civ.*, vol. 7, 1908, p. 404-406 ; P. LEREBOURGS-PIGEONNIERE, L. JULLIOT DE LA MORANDIERE, « Protection du patrimoine artistique », *RTD civ.*, vol. 8, 1909, p. 949-951.

[14] MARGUERY, *ibid.*, p. 212.

et de la légitimité de l'État à intervenir dans l'un ou dans l'autre.

Avant 1913, on comprend bien que la protection des ensembles n'a pas été une priorité[15], car il fallait dans un premier temps assurer la protection des biens meubles, laquelle se heurtait au respect du droit de propriété. Ce n'est qu'à l'aube du XXème siècle que le droit du patrimoine se dote des outils nécessaires à la protection des ensembles.

§2. La protection patrimoniale à l'aube du XXème siècle : une protection des ensembles envisageable

La grande loi de 1913 constitue encore aujourd'hui le socle du droit du patrimoine. Les choix méthodologiques qu'elle a opérés sont restés intacts au gré des différentes modifications. La loi de 1913 est née de la nécessité de dépasser les modèles portés par la loi de 1887 (A). Elle propose ainsi, au terme d'une transition, de nouveaux modèles (B).

A. La volonté de dépasser la loi de 1887

La période correspondant aux années 1907 – 1913 a largement préparé le travail législatif de la loi de 1913[16]. Les limites de la loi de 1887 sont pointées (1) et donnent l'impulsion à des propositions audacieuses (2) qui ont pu concerner la problématique des ensembles.

---

[15] Bien qu'on la trouve mentionnée notamment dans les thèses de l'époque à l'occasion de développements plus lyriques que juridiques : « On a vu arracher aux châteaux et aux églises les boiseries, les meubles, les objets précieux qui en sont comme la parure naturelle et indispensable ». MARGUERY *ibid* p. 10.

[16] M. CORNU, « 1907-1913 : période de frénésie parlementaire », *1913, Genèse d'une loi sur les monuments historiques*, La documentation française, 2013, p. 105.

1. Les limites de la loi de 1887

La loi de 1887 est centrée sur les propriétés publiques et sur les rapports entre l'État et les collectivités. Outre le respect témoigné à la propriété privée, la méfiance à l'égard de la propriété des collectivités territoriales – les communes sont vues comme les premiers artisans des destructions[17] – conduit à s'intéresser prioritairement à la propriété publique. La loi s'arrête au seuil de la propriété privée qu'elle ne contraint que sur le mode du contrat. Le caractère limité du champ de la protection a encouragé le travail législatif de réforme.

2. Des propositions audacieuses

Une proposition de loi portée en 1907 par le député Ridouard[18] intègre la question de la protection des ensembles de manière indirecte. Sa proposition de loi, péchant par excès d'audace, ne pouvait légitimement aboutir. En référence au contexte juridique et social, les dispositions qu'elle comprenait portaient une atteinte disproportionnée au droit de propriété. La proposition prévoyait une protection d'office des biens meubles et immeubles, propriété privée et publique. Les déplacements et aliénations devaient, en toute circonstance, être soumis à autorisation administrative. Cette proposition de loi était très imprégnée de la théorie du contexte et de l'idée que les œuvres d'art sont intimement liées à leur lieu de création et

[17] V. HUGO, « Guerres aux démolisseurs », Revue des deux mondes, 1832, p. 341 : « Vous tenez les Communes en tutelle, défendez-leur de démolir ».

[18] Proposition de loi sur la protection du patrimoine national artistique, historique et archéologique de la France, présentée à la Chambre des députés en première lecture par M. RIDOUARD, député, le 26 novembre 1907.

de conservation. La théorie du contexte peut se comprendre comme une forme absolutiste du modèle de la conservation in situ : elle s'étend au-delà de la protection des ensembles décoratifs pour toucher à la question des vestiges archéologiques et à la problématique de leur exportation. Ni dans le discours ni dans le texte de loi ne figure la mention des ensembles décoratifs. Cependant, l'intérêt pour cet objet peut être déduit du régime applicable (contrôle de tous les déplacements et aliénations).
Cette proposition de loi a donc, sans surprise, été très mal reçue par la doctrine qui y a vu une atteinte inadmissible au droit de propriété car elle supposait des visites périodiques chez les particuliers, mesures vexatoires par excellence, sans justification d'un intérêt public précis. Le mérite a été de proposer un bouleversement radical des principes de la loi de 1887, préparant ainsi le terrain aux avancées théoriques la loi de 1913 et au consensus dont elle a fait l'objet.

B. Les avancées théoriques de la loi de 1913

La loi de 1913 opère trois avancées qui rendent possible la protection des ensembles. Elle permet de dépasser l'obstacle de la propriété en proposant un nouveau modèle (1). Se ressent ainsi la nécessité de protéger les biens meubles (2). Pour finir, la loi de 1913 témoigne une attention particulière à la question des dépeçages (3).

1. Construire une nouvelle propriété

L'enjeu semble être à cette époque de garantir une protection plus large que celle permise par la loi de 1887. Les années qui précèdent la loi de 1913 voient se développer dans la doctrine toute une réflexion autour de la nature de la propriété privée appliquée aux biens culturels.

Cette idée est présente chez Raymond Saleilles[19] qui développe le concept de propriété artistique : la protection des biens culturels viserait en réalité la protection de la propriété supérieure de l'artiste. L'État serait investi de la mission de protection de cette propriété, justifiant ainsi les atteintes portées à la propriété privée.

Le discours de Théodore Reinach[20] illustre bien le changement qui est à l'œuvre à cette époque dans la conception du droit de propriété relativement à l'intérêt public de la protection du patrimoine. Le changement se fait d'abord dans le discours : la « copropriété idéale[21] » de Reinach entre l'État et le propriétaire justifie d'une part que l'État intervienne pour assurer la conservation des biens et d'autre part que les droits du propriétaire soient réduits. Le propriétaire est considéré comme un gardien de la chose plus que comme son maître absolu. Ce n'est que « par le hasard des transmissions successives » qu'il s'en trouve en possession. Le discours de Théodore Reinach n'est en réalité que la traduction de la légitimité croissante accordée à la limitation du droit de propriété au nom d'un intérêt général. Louis Rolland, un des premiers commentateurs de la loi de 1913, développe l'essentiel de sa réflexion sur la construction d'une propriété nouvelle, distincte par l'objet auquel elle s'applique, de la propriété classique. Celle-ci est marquée par l'affectation des biens à « l'utilité de tous » : « La propriété de l'immeuble artistique est affectée non seulement à l'agrément ou à la commodité d'une personne,

---

[19] R. SALEILLES, « La législation italienne relative à la conservation des monuments et objets d'art. Étude de droit comparée », *Revue bourguignonne de l'enseignement supérieur*, t. V, n° 1, 1895, p. 1-98.

[20] Journal officiel, Documents parlementaires, Chambre des députés, 2e séance du 14 juin 1912, annexe n° 1999, p. 1344-1345.

[21] *Ibid.*

mais encore à la formation esthétique ou à la culture générale des individus[22] ».
Cette propriété particulière s'incarne dans l'archétype du monument historique consacré par la loi de 1913. Sorte de catégorie générique englobant tant les immeubles que les meubles[23], propriété publique ou propriété privée, le monument historique est une catégorie attractive appelant à elle tous les biens revêtant un « intérêt public[24] » du point de vue de l'histoire ou de l'art. La légitimité d'un modèle de propriété restreinte étant acquise, il convenait d'assurer la protection des objets mobiliers.

2. A partir de 1913 : développer la protection des objets mobiliers

L'absence de protection des biens meubles privés est pointée comme une lacune de la loi de 1887 : les meubles sont présentés comme les grands absents de la législation alors même que ce sont eux qui, en raison de leur vulnérabilité, sont exposés aux plus grands périls.
La loi de 1913 ne permet pas la protection d'office des biens meubles propriété privée. Elle le sera par la loi de 1921. Théodore Reinach énonce ce manque sur le ton du regret mais en expose le pragmatisme[25] : il convenait que la loi fasse l'unanimité, quitte à ce qu'elle soit amendée par la suite. La loi de 1913 introduit aussi la donnée de

---

[22] L. ROLLAND, « La protection et la conservation des édifices et monuments d'intérêt historique ou artistique et des monuments publics », *Revue de droit public et de la science politique en France et à l'étranger*, 1913, p. 138.

[23] Le classement d'office des biens mobiliers des personnes privées a été permis par : LOI DU 31 DÉCEMBRE 1921 portant fixation du budget général, article 33 à 39 et 118 à 120, JORF du 1er janvier 1922.

[24] Et non plus un « intérêt national » comme dans la loi de 1887.

[25] 2e séance du 14 juin 1912, *ibid.*

l'exportation pour faire face au péril exportateur touchant les objets mobiliers. Le régime juridique du meuble s'est peu à peu construit sur le modèle du régime protecteur de l'immeuble[26].

Une fois la protection des biens meubles (privés et publics) acquise, une protection des ensembles devient concevable. D'autant plus que la loi de 1913, complétée, prête une attention toute particulière à la question du dépeçage des immeubles, question qui touche de près à la problématique des ensembles. Malheureusement, cette attention va jouer contre la protection des ensembles décoratifs.

3. L'attention portée au dépeçage

La loi de 1927[27] qui complète l'article 2 de la loi de 1913 vise à lutter contre les dépeçages des monuments historiques. La lutte contre « l'Elginisme[28] » conduit à interdire l'arrachement de morceaux d'immeubles protégés et permet d'imposer autoritairement leur remise en place. Ne sont concernés par cette disposition que les immeubles par nature. Or, la loi de 1913 a distingué les immeubles par nature des immeubles par destination qui sont considérés comme des biens meubles pour plusieurs raisons qui ne s'excluent pas les unes des autres.

---

[26] Voir l'analyse de Marie CORNU développée sur la question dans : « La loi de 1913, matrice en droit interne : à propos des objets mobiliers », *Les monuments historiques, un nouvel enjeu ?* Actes du colloque organisé par l'Université de Limoges et de Bordeaux IV, Volume I, 2004.

[27] LOI DU 23 JUILLET 1927 portant modification de la loi du 31 décembre 1913, JORF du 26 juillet 1927 p. 7722.

[28] Néologisme en référence à Lord Elgin, qui ramena les sculptures en marbre du Parthénon à Londres au début du XIXème siècle.

La raison officielle donnée par Théodore Reinach tient à la protection de la propriété privée : la loi permettant alors le classement d'office des immeubles des particuliers (et non des meubles avant la loi de 1921), il était opportun de traiter les immeubles par destination comme des meubles, afin de ménager la propriété privée. Cet argument ne tient plus dès lors que le classement d'office des biens meubles, et donc des immeubles par destination, est possible. Une autre raison tient à ce que les immeubles par destination sont, du point de vue de l'art, plus proches des meubles que des immeubles en ce qu'ils appellent les mêmes connaissances en termes de restauration[29]. La dernière raison, plus originale, serait d'ordre administratif : il faudrait lier cette décision au mouvement d'autonomisation du service administratif des objets mobiliers qui cherche à attirer à lui les immeubles par destination[30].

En traitant les immeubles par destination comme des meubles, la loi de 1913 ne s'est pas prémunie des possibles détachements. Le classement d'un immeuble par nature n'entraîne pas le classement d'un immeuble par destination. L'article sur les dépeçages – interdisant de déplacer ou morceler un immeuble par nature - ne trouve pas à s'appliquer aux immeubles par destination[31]. Le problème,

---

[29] Paul Frantz Marcou (1860-1932), inspecteur général des monuments historiques, expose ce rapprochement. Pour un commentaire de la place de l'immeuble par destination dans l'histoire du droit du patrimoine : F. SCHOENSTEIN, « Définition de l'objet mobilier par la loi de 1913 : la place de l'immeuble par destination », *1913, Genèse d'une loi sur les monuments historiques*, La Documentation française, 2013, p. 167.

[30] Analyse de : J. KAGAN, « Préservation du patrimoine mobilier : l'apport de la loi du 31 décembre 1913 vue à travers l'action administrative », *ibid.*, p. 177.

[31] Pour Marie CORNU, l'article 9 de la loi de 1913 (qui interdit de modifier ou restaurer l'immeuble par nature sans autorisation préalable) trouverait tout de même à s'appliquer en cas de détachement des immeubles par destination : détacher un immeuble par destination porte

rapidement pointé comme une erreur grossière de la loi, n'a jamais été résolu[32]. Une loi qui se voulait protectrice a encouragé des destructions dont elle n'imaginait pas l'ampleur.

Le contresens auquel on aboutit tient à ce que la question du dépeçage n'a pas été pensée au-delà des cas de déplacements et morcellements d'immeuble. La protection des ensembles décoratifs ne semble donc pas s'insérer dans l'économie générale de la loi, comme nous allons essayer de le montrer en analysant les orientations de la protection patrimoniale.

Section 2 : Approche analytique de la protection des ensembles

La protection patrimoniale en droit positif répond à deux orientations majeures. La première consiste en l'application de la contrainte qui se divise elle-même en deux axes (§1) ; la seconde en l'établissement de mesures d'incitation (§2).

§1. Le modèle de la contrainte en droit du patrimoine

L'orientation de la contrainte peut elle-même se diviser en deux axes : la protection de l'intégrité matérielle des biens et le contrôle de l'exportation des biens (A.). Il faut rechercher comment la question des ensembles s'insère dans ces deux axes (B.).

---

atteinte à l'intégrité de l'immeuble par nature, et par conséquent, opère une modification. *Le droit culturel des biens*, Bruylant, Bruxelles, 1996, pp. 99-100.

[32] Le projet de loi « création, architecture et création » (*op. cit.),* intègre une disposition visant à soumettre les détachements d'immeubles par destination à une autorisation administrative préalable.

A. Les deux axes de la contrainte

A l'impératif principal de protection de l'intégrité matérielle des biens (1.) vient s'ajouter celui, plus particulier, du maintien sur le territoire national des richesses culturelles (2.).

1. L'intégrité matérielle des biens

En 1913, l'urgence est encore à la protection de l'intégrité matérielle des biens. Il faut répondre à deux périls imminents : le péril destructeur et le péril restaurateur. S'explique ainsi tout le soin apporté aux dispositions centrales de la loi concernant les travaux sur les monuments historiques[33]. L'intérêt premier pour la protection de l'intégrité matérielle des biens est lié au phénomène d'ingratitude à l'égard du patrimoine qui a longtemps sévi dans l'histoire de France, dans le but de détruire les symboles faisant référence à l'Église ou à la monarchie. On constate par ailleurs une longue période (durant l'Ancien Régime) de désintérêt pour la protection du patrimoine. Les grands propriétaires n'ont souvent eu que peu d'égard pour la conservation de leur bien[34]. Aujourd'hui, la conservation des biens et de leur intégrité se fait dans une logique civiliste de transmission du patrimoine à destination des générations futures.

---

[33] Théodore REINACH, dans son discours de 1912, évoque ces dispositions comme étant les dispositions centrales de la nouvelle loi.

[34] J-P. BABELON, A. CHASTEL, *La notion de patrimoine,* Paris, Levi, 2000 : l'auteur développe ce point dans « le fait familial », important pour comprendre le développement du fait patrimonial.

2. L'appartenance nationale

Le second axe de la contrainte consiste dans le contrôle des exportations[35]. Il n'est plus question de l'intégrité matérielle du bien mais de son appartenance immatérielle à une Nation. Même si en 1913 on ne parle plus « d'intérêt national[36] » mais « d'intérêt public[37] », il y a toujours derrière la protection du patrimoine, et surtout derrière les questions d'exportation, un sentiment national qui enjoint le maintien sur le territoire de toutes les richesses artistiques. Juridiquement, ce sont les biens meubles qui sont concernés par cette disposition. Ils alimentent le marché de l'art et sont particulièrement difficiles à protéger en raison de leur mobilité essentielle. Le contrôle de l'exportation ne fait pas perdre au bien sa mobilité, il l'entame seulement dans la mesure où il limite le champ géographique de sa cessibilité. Son aliénabilité n'est donc pas non plus totalement atteinte.

Ces développements sur la loi de 1913 et son esprit sont essentiels pour la compréhension de notre sujet : il faut considérer la protection des ensembles comme devant s'insérer dans l'économie générale d'un monument législatif. La loi de 1913 n'est pas une juxtaposition d'articles ; elle constitue un dogme, une architecture ordonnée.

---

[35] Dans un premier temps : Article 21 de la loi du 31 décembre 1913. Par la suite : Loi n° 2595 du 23 juin 1941 relative à l'exportation des œuvres d'art, J.O. n° 1345 p. 359 ; Loi n° 92-1477 du 31 décembre 1992 relative aux produits soumis à certaines restrictions de circulation et à la complémentarité entre les services de police, gendarmerie et de douane, dispositions relatives aux biens culturels, J.O. 5 janvier 1993, p. 198.

[36] Article 1er de la loi 30 mars 1887.

[37] Article 1er de la loi du 31 décembre 1913.

B. L'insertion de la protection des ensembles dans les axes de la contrainte

Il convient de rechercher maintenant comment la protection des ensembles pourrait s'insérer dans les deux axes que nous venons d'exposer. On constate l'inexistence de la donnée immatérielle (1). La protection ne semble pouvoir être mise en œuvre que par combinaison des outils disponibles en droit du patrimoine (2).

1. L'inexistence relative de la donnée immatérielle

Il est difficile d'intégrer la protection des ensembles dans l'axe de l'intégrité. La préservation d'un décor ne protège pas les biens pour eux-mêmes mais pour ce qu'ils représentent les uns par rapport aux autres[38]. On peut tout aussi bien soutenir que l'ensemble décoratif constitue un objet à part entière qui, par conséquent, serait protégé pour lui-même. Toujours est-il que la loi lutte contre tout ce qui peut matériellement porter atteinte à l'intégrité du bien et non ce qui pourrait y porter atteinte intellectuellement. La servitude de classement ne porte ainsi que sur la vie matérielle du bien[39] et non sur son utilisation ou sa destination (*infra*, le questionnement de ce rapport fera l'objet de la seconde partie de ce travail). L'immatériel trouve difficilement sa place dans la loi de 1913. Cela

[38] Les espaces protégés en droit du patrimoine intègrent en un sens ce lien immatériel mais à un niveau immobilier et urbain. Titre IV « Espaces protégés » du Code du patrimoine, articles L641-1 à L643-1.

[39] Art. L622-7 C. patr. : « les objets classés au titre des monuments historiques ne peuvent être modifiés, réparés ou restaurés sans l'autorisation de l'autorité administrative compétente ni hors de sa surveillance ».

explique l'absence de consécration du patrimoine culturel immatériel dans le Code du patrimoine[40].

L'inexistence de la donnée immatérielle est dite relative dans la mesure où l'on constate tout de même sa prise en compte – avant la loi du 7 juillet 2016 – dans le régime des secteurs sauvegardés[41] qui intègre une protection exceptionnelle des décors intérieurs des immeubles compris dans le périmètre. Ainsi, le plan de sauvegarde et de mise en valeur (PSMV) du 7ème arrondissement de Paris protège les décors des intérieurs[42].

2. Une protection indirecte par combinaison d'outils

Si la protection des ensembles ne fait l'objet d'aucune mesure générale, il est possible d'aboutir à une solution équivalente par combinaison des outils disponibles en droit : le classement permet de suivre le bien (il s'agit d'une servitude réelle qui suit le bien en quelque main qu'il passe[43]). L'administration des monuments historiques est toujours censée savoir où se trouve un bien protégé. Elle

---

[40] Et ce en dépit de toutes les avancées faites par l'UNESCO sur la question. Le projet de loi actuel de l'ancienne ministre de la Culture Fleur Pellerin propose d'intégrer dans le Code du patrimoine la consécration du patrimoine immatériel.

[41] Loi n° 62-903 du 4 août 1962 complétant la législation sur la protection du patrimoine historique et esthétique de la France et tendant à faciliter la restauration immobilière, JORF 7 août 1962, p. 7813.

[42] Plan de sauvegarde et de mise en valeur du 7ème arrondissement de Paris, approuvé en 1991 dans sa version initiale, version révisée en date du 9 août 2016. « Les intérieurs d'immeubles contribuent en grande partie à leur qualité architecturale. Les règles qui suivent permettent de protéger ces intérieurs (systèmes de distribution, structures constructives, décors, etc.). », p. 56 du règlement.

[43] Art. L622-16 C. patr.

peut ainsi être informée de cas de dépeçages (vente du mobilier d'une demeure par exemple). L'obligation d'information qui pèse sur le propriétaire ne permet pas à l'administration de s'opposer à la vente mais seulement de mettre en œuvre son droit de préemption[44]. Le bien fait donc l'objet d'une appropriation publique. Les règles protectrices de la domanialité publique ne permettent cependant pas d'aboutir à une protection cohérente des ensembles. L'inaliénabilité ne se confond pas avec l'immobilisation ou l'indivisibilité. L'appropriation publique nécessite des fonds importants et fait référence, plus qu'au rôle de l'État protecteur, à celui de l'État collectionneur, figure que l'État cherche à emprunter au minimum.

L'activité de protection patrimoniale se conçoit comme un pouvoir de l'État qu'il peut, le cas échéant, exercer de façon autoritaire. La forte prégnance dans l'univers social de l'intérêt général de protection du patrimoine rend légitime l'application de la contrainte. Cependant, l'incitation sert aussi à rendre acceptables, tant dans la perception des propriétaires que dans la réception constitutionnelle, les sujétions parfois lourdes qui sont imposées.

§2. Le rôle de l'incitation en droit du patrimoine

Nous n'analyserons ici que les mesures d'incitations qui concernent directement les ensembles. Il existe des mesures d'aides financières, pour les travaux essentiellement[45], et des mesures fiscales. Parmi les mesures fiscales, les premières concernent l'impôt sur le revenu, les secondes

---

[44] Art. L 123-1 à L 123-3 C. patr.

[45] Notamment pour les immeubles classés : Art. L621-9 C. patr.

sont relatives aux droits de mutation à titre gratuit, auxquelles nous allons nous intéresser particulièrement (A), avant de rechercher les implications de la mise en œuvre d'outils fiscaux (B).

A. Les mécanismes d'exonération des droits de mutation et la protection des ensembles

Le Code général des impôts prévoit des mécanismes d'exonération des droits de mutation à titre gratuit applicables aux biens culturels qui permettent d'aboutir soit à une protection directe des ensembles (1), soit à une protection indirecte (2).

1. La prise en compte directe de la question des ensembles

Les seules dispositions législatives concernant directement les ensembles décoratifs se trouvent dans le Code général des impôts. Les lois fiscales se sont intéressées à la protection des ensembles avant les tentatives législatives des années 2000 (*voir infra*). L'article 795A[46] prévoit que sont « exonérés de droit de mutation à titre gratuit les biens immeubles par nature ou par destination qui sont, pour l'essentiel, classés ou inscrits sur l'inventaire supplémentaire des monuments historiques, ainsi que les biens meubles qui en constituent le complément historique et artistique, dès lors que les héritiers, les donataires ou les légataires ont souscrit avec les ministres chargés de la culture et des finances une convention à durée indéterminée prévoyant le maintien dans l'immeuble des meubles exonérés et leurs conditions de présentation, les modalités d'accès du public ainsi que les conditions d'entretien des

[46] Loi n° 88-12 du 5 janvier 1988, art. 5 ; Loi n° 94-679 du 8 août 1994, art. 72-I et II.

biens exonérés, conformément à des dispositions types approuvées par décret[47] ».

L'objectif de la loi est d'éviter la dispersion des ensembles à l'occasion des dons, legs et héritage. Il est en effet très courant que les meubles garnissant un immeuble classé soient vendus à cette occasion pour payer les droits de mutation sur l'immeuble[48]. Le mécanisme oriente la protection des ensembles vers l'extérieur en assortissant l'exonération de l'obligation d'ouverture au public.

2. La prise en compte indirecte de la question des ensembles

Le régime des donations avec charges permet lui aussi d'assurer le maintien sur place des ensembles ainsi que leur présentation au public. L'article 1131 du code général des impôts prévoit que le donateur peut stipuler une réserve de jouissance dans le don qu'il fait à l'État. Ainsi, il peut être prévu qu'en raison des liens historiques ou artistiques que les biens entretiennent entre eux, les meubles doivent être conservés au sein de l'immeuble.

L'application de mesures incitatives n'est pas dénuée de sens, elle fait référence à une certaine conception de la protection patrimoniale.

B. Les implications de la politique d'incitation

L'autoritarisme étatique croît à mesure que l'intérêt général de la protection du patrimoine s'affermit. Les associations de défense des propriétaires de monuments

---

[47] Convention type à l'annexe du Décret n° 2003-1238 du 17 décembre 2003.

[48] J-M. LENIAUD, « Heurts et malheurs des propriétaires privés », *RDA*, 1996, p. 179.

historiques font valoir que les propriétaires privés possèdent l'extrême majorité du patrimoine culturel alors que l'État n'en possède qu'une minorité. L'État ne serait ainsi plus légitime pour imposer la contrainte dans la mesure où elle ne s'appliquera que peu à ses propriétés. La contrainte ne serait par ailleurs plus nécessaire, les risques de destruction pesant moins sur les monuments. Derrière ces arguments d'opportunité se cache un déclin de l'autorité de l'État et de sa légitimité à imposer ses vues par la contrainte. Dans la pratique, les mesures d'incitation servent surtout à contrebalancer les atteintes portées à la propriété privée et à les rendre acceptables du point de vue constitutionnel.

Les mécanismes de l'article 795A n'ont pas été bien reçus en raison de leur complexité, des charges trop importantes pesant sur les propriétaires (l'ouverture au public notamment) et des mesures de sanction[49]. Selon l'Association La Demeure historique, 120 conventions ont été signées en 2014 depuis 1988[50]. Cela est peu si on ramène ce chiffre à l'échelle des immeubles protégés mais tous les ensembles ne méritent pas d'être maintenus. Il convient donc de relativiser l'échec de cette loi qui, si elle a bénéficié à peu de propriétaires, a permis d'un point de vue patrimonial de protéger un grand nombre d'ensembles[51].

---

[49] C. CHEVAL, W. HANNECART-WEYTH, D. DES MOUTIS, N. ROBERT, « Fiscalité des monuments historiques, bénéficiaires privilégiés ou entrepreneurs méconnus du patrimoine ? », *Lamy fiscal*, 2014, n° 6579 : C'est surtout l'absence de durée de la convention qui fait du processus une *« bombe à retardement »*. Si les conditions de la convention ne sont pas respectées, les droits de mutation devront être payés.

[50] *Ibid.*

[51] D'autant plus que les propositions de loi Lequiller et Lafitte (infra) insistaient sur le caractère exceptionnel des protections. Le sénateur Lafitte souhaitait que soient limitées à 5 par an les protections d'ensembles.

Les mécanismes d'incitation devraient cependant, pour être efficaces, accompagner le processus de la contrainte. En l'absence de principe général de protection des ensembles, ces mesures demeurent isolées et ne permettent pas une protection exhaustive des ensembles, ce à quoi aspire la démarche scientifique du droit du patrimoine.

Chapitre 2 : Une dimension recherchée

Il n'y a pas de principe général de protection des ensembles et la structure du droit du patrimoine ne semble pas s'y prêter. Toutefois, on observe une volonté de les protéger. Il conviendra tout d'abord de voir comment et pourquoi s'est manifesté un intérêt pour les ensembles (Section 1) avant de procéder à l'analyse des tentatives de concrétisation législative (Section 2).

Section 1 : L'intérêt pour la protection des ensembles

L'intérêt pour la protection des ensembles peut s'envisager de deux points de vue : d'un point de vue interne, on constate une prise de conscience administrative et sociale (§1). Il est aussi possible de raisonner sur la prise en compte de cet intérêt par référence au modèle italien (§2) qui opère une forte attractivité sur le droit français et qui intègre dans ses dispositions une protection des ensembles.

§1. La prise de conscience de l'intérêt de la protection des ensembles

La prise de conscience de l'intérêt qu'il y a à protéger les ensembles est un préliminaire essentiel à toute intervention législative. Il convient d'étudier ce phénomène avant d'en analyser les traductions dans les propositions et projets de loi. L'univers administratif nous fournit de nombreuses informations sur la prise en compte, non normative, de la question (A) ; l'univers social quant à lui nous offre les exemples de destruction qui ont donné une impulsion à la production normative (B).

A. L'univers administratif : la prise en compte non normative

L'intérêt pour la protection des ensembles s'est manifesté dans l'univers administratif, interne d'une part (1), et européen d'autre part (2) au travers de l'action du Conseil de l'Europe.

1. L'action administrative du ministère de la Culture

En matière patrimoniale, la pratique administrative est considérée comme inférieure, moins aboutie que la pratique législative[52]. Les organes administratifs qui interviennent dans les procédures de protection sont tout à fait conscients de la problématique de la protection des ensembles[53]. La commission nationale des monuments historiques, ancienne commission supérieure des monuments historiques, prend en compte, dans les avis qu'elle rend, la circonstance qu'un immeuble contient toujours son mobilier d'origine. Le mobilier constitue une valeur ajoutée qui motive la

[52] Fait référence à l'époque où le droit du patrimoine était essentiellement constitué de circulaires. Sous la Monarchie de Juillet est créé le poste d'inspecteur des monuments historiques qui marque le début de la pratique administrative de la protection du patrimoine.

[53] Nous devons l'analyse de la pratique administrative à Marie Cornu, dans sa thèse (*Le droit culturel des biens*, *op. cit.* p. 96) Nous ne nous étendrons ainsi que peu, tant il paraît plus pertinent de faire référence à son ouvrage.

protection de l'immeuble. Ainsi, l'existence d'un ensemble peut constituer un critère de protection de plusieurs biens qui sont toujours protégés *ut singuli*.

Une circulaire émanant du Directeur du patrimoine[54] prescrit une approche unitaire des opérations de classement des immeubles et de leur mobilier (meubles par nature et immeubles par destination). Les procédures de classement des immeubles et des meubles (immeubles par destination inclus) sont autonomes. Les biens font toujours l'objet d'une protection *ut singuli* mais l'administration prescrit une coordination. La démarche vise tout d'abord à rendre l'approche scientifique plus cohérente en atteignant une connaissance d'ensemble des biens. L'autre objectif affiché est celui de la cohérence de l'action administrative vis-à-vis des usagers. Il s'agit de rendre les opérations de classement plus lisibles et d'éviter de revenir sur un même bien à plusieurs reprises.

Le régime des biens n'est pas modifié par la pratique administrative. L'attention administrative tout comme les recommandations du Conseil de l'Europe n'ont aucune conséquence normative.

2. Les recommandations du Conseil de l'Europe

Le Conseil de l'Europe a émis une recommandation en 1998 visant à « favoriser la conservation intégrée des ensembles historiques composés de biens immeubles et de biens meubles[55] ». La recommandation dégage l'intérêt que

---

[54] CIRCULAIRE DU 17 JUILLET 1987 relative à l'amélioration des procédures de protection au titre des monuments historiques concernant les objets mobiliers et immeubles par destination, *Législation et règlement, Protection du patrimoine historique et esthétique de la France*, Edition du Journal officiel, 1997, p. 507.

[55] CONSEIL DE L'EUROPE, « Recommandation n° R (98) 4 du Comité des ministres aux États membres, relative aux mesures susceptibles de favoriser la conservation intégrée des ensembles historiques composés

représentent les « ensembles historiques » du point de vue de la « mémoire européenne » qui doit être transmise aux générations futures. Le Conseil acte du manque de protection des biens meubles, plus fragiles, et qui, en raison de leur valeur marchande croissante sur le marché de l'art font l'objet de convoitise.

Le système proposé par le Conseil est classique. Il se divise entre la contrainte, l'incitation et la sanction. La recommandation tire les conséquences du régime proposé du point de vue administratif (création d'un service administratif chargé des ensembles ; orientations des formations universitaires, etc.) et en termes de mise en valeur (le Conseil fait le lien entre la protection intégrée des ensembles et l'accessibilité au public qui doit se faire selon les possibilités et les droits du propriétaire).

Ce type d'intervention administrative, n'ayant aucun impact sur le régime des biens et sur le droit des propriétaires d'en disposer librement, n'a pas réussi à endiguer les phénomènes de dépeçages, opérés bien souvent en toute légalité.

B. L'univers social : l'impulsion de la production normative

Les cas de dispersion des ensembles ont donné une impulsion à la production législative. On observe donc une dialectique entre la destruction et la décision de protection. Ces évènements ont contribué à faire de la protection des ensembles un combat patrimonial.

Les initiatives législatives suivent les destructions d'ensembles et dispersions sur le marché de l'art. La proposition de Pierre Lequiller (*infra*) est de ce point de vue

---

de biens meubles et de biens immeubles », 17 mars 1998, 623ème réunion des délégués des ministres.

la plus significative : elle fait suite au scandale dit des Châteaux Japonais. Les châteaux de la Roche Guyon et de Louveciennes ont été achetés par des compagnies nipponnes pour être entièrement vidés de leurs décors et mobiliers, vendus sur le marché. Les immeubles ont ensuite été laissés à l'abandon. Le projet de loi actuel qui a été porté par l'ancienne ministre de la Culture Fleur Pellerin fait quant à lui suite à la dispersion du mobilier de la Villa Cavrois, mobilier original de l'architecte et designer Mallet Stevens. L'État a racheté la villa et une partie du mobilier aux enchères.

Certains auteurs (Jean Michel Leniaud) et associations (SPPEF : Société pour la Protection des Paysages et de l'Esthétique de la France) en ont fait leur combat. L'intérêt pour les ensembles est bel et bien présent. Il peut aussi se construire par rapport au modèle italien qui intègre la protection des ensembles.

§2. Le modèle attractif italien en matière de protection des ensembles

Le droit des biens culturels italien a suivi l'évolution politique et territoriale du pays. Avant la formation du Royaume d'Italie en 1861, on devait la protection des biens culturels à l'État pontifical. D'autres États ont, au XVIIIe siècle, adopté des législations de protection. Les campagnes d'Italie déclencheront un nouvel élan de protection face aux pillages orchestrés par l'armée napoléonienne. L'Édit du cardinal Pacca, du 7 avril 1820, a constitué le fondement de la législation italienne de 1902 et 1909. A partir de 1997 a été lancée une entreprise de réunion des textes relatifs aux biens culturels qui le sont aujourd'hui dans le Code des biens culturels. Si le modèle italien est attractif en ce qu'il comprend des mécanismes performants de protection des ensembles (A), il ne faut pas moins en relativiser l'intérêt pour le droit français au regard du contexte historique et constitutionnel dans lequel ils s'inscrivent (B).

A. La protection des ensembles en droit italien

Bien que notre étude n'ait pas pour objet une entreprise de droit comparé, le recours aux exemples étrangers peut se révéler utile. Il convient tout d'abord de justifier le choix de la comparaison avec le droit italien (1) avant d'exposer les mesures concrètes de protection des ensembles que ce système propose (2).

1. Le choix de la comparaison avec le modèle italien

Le choix de la comparaison avec l'Italie n'est pas anodin. Le droit du patrimoine culturel français s'est construit en partie par rapport au droit italien alors en pointe dans la matière. Cela explique le foisonnement de travaux de droit comparé entre le système français et italien, et plus généralement l'intérêt des auteurs français pour le modèle patrimonial italien[56] qui est souvent mobilisé[57].

---

[56] R. SALEILLES, « La législation italienne relative à la conservation des monuments et objets d'art. Étude de droit comparée », *Revue bourguignonne de l'enseignement supérieur*, t. V, n° 1, 1895, p. 1-98.

J. MARGUERY, La protection des objets mobiliers d'intérêt historique ou artistique, législations française et italienne, *op. cit.*

A. HALLAYS, « D'une législation à faire en France pour la protection des monuments artistiques et des œuvres d'art », *Journal du droit international privé*, XXX, 1913, p. 752–760.

[57] Le modèle Italien sert ainsi à critiquer les limites de la loi de 1887 : en Italie, on peut protéger les biens meubles et l'exportation est restreinte : H. EYGOUT « La protection des objets mobiliers d'art et d'histoire », *Revue de droit public et de la science politique en France et à l'étranger*, 1922, p. 460–493.

Cette corrélation suffit, selon nous, à justifier que l'on s'attarde un instant sur les dispositions du droit du patrimoine italien dans le domaine de la protection des ensembles. Il y aura deux manières de concevoir l'apport de cette démarche : nous pourrons raisonner en termes de transposabilité ou, à défaut, simplement constater que le modèle italien, s'il n'est pas susceptible d'être transposé, explique l'intérêt naissant pour la protection des ensembles décoratifs.

2. Les mesures de protection proposées par le droit italien

Deux notions connues par le droit du patrimoine italien sont inconnues du droit du patrimoine français : l'indivisibilité et l'immobilisation des biens culturels. Le principe d'indivisibilité s'applique aux collections qui, dans le droit italien, constituent des biens culturels à part entière[58] faisant l'objet de dispositions de protection particulières. Le texte unique prévoit un mécanisme de protection très stricte. Les critères de reconnaissance sont relativement souples. Peuvent être protégées les collections qui « revêtent dans leur ensemble, par tradition, renommée ou caractéristiques environnementales particulières, un intérêt artistique ou historique exceptionnel ». En conséquence, les collections protégées sont indivisibles sauf

---

[58] A. ROCCELA, « Le patrimoine culturel : droit italien », in *Intérêt culturel et mondialisation, Tome 1. Les protections nationales*, L'Harmattan, 2004, p. 143 s. Le texte unique prévoit cinq catégories de biens culturels : « les choses immobilières et mobilières qui présentent un intérêt artistique, historique, archéologique ou démo-ethno-anthropologique ; les choses immobilières qui, par leur référence à l'histoire politique, militaire, à la littérature, à l'art et à la culture en général, présentent un intérêt particulièrement important ; les collections ou séries d'objets qui, par tradition, renommée, ou en raison de leurs caractéristiques environnementales, présentent dans leur globalité un intérêt artistique ou historique exceptionnel ; les biens libraires ».

autorisation de l'administration. L'administration culturelle a la faculté d'imposer l'ouverture au public des collections privées.

Le principe d'immobilisation permet de créer un lien, non plus entre différents biens mobiliers, mais entre un ou plusieurs biens mobiliers et un immeuble[59].

Il serait séduisant d'en conclure que si le droit italien connaît cette protection, le droit français par mimétisme pourrait aussi l'intégrer. Cependant, le contexte historique et constitutionnel pousse à relativiser la transposabilité des outils en droit français.

B. La particularité du contexte italien de protection des ensembles

La protection des ensembles en droit italien est le fruit d'une histoire particulière (1) et fait écho à une conception constitutionnelle du droit de propriété qui en favorise les atteintes (2).

1. Le contexte historique

S'agissant des collections essentiellement, les dispositions particulièrement strictes et fournies du droit italien s'expliquent pour des raisons historiques. L'Italie a connu une expérience du collectionnisme sans pareil liée à son organisation territoriale et politique. Les collections papales du Vatican et les collections des grandes familles romaines ont très tôt constitué un fonds patrimonial hors du commun. Les collections des grandes familles étaient gérées par l'intermédiaire des fidéicommis qui assuraient la transmission au sein de la famille donc l'indivisibilité et

---

[59] Loi du 1er juin 1939 n° 1089, sur la protection des biens d'intérêt artistique et historique.

l'inaliénabilité de la collection. Les principes d'invisibilité et d'inaliénabilité ont perduré au-delà de l'abolition des fidéicommis[60]. De la même manière, les droits du public qui avaient été créés sur certaines collections ouvertes ont été maintenus[61].

Ce bref détour historique explique l'intérêt contemporain du droit du patrimoine italien pour les collections et leur accessibilité au public. On en trouve un écho dans le plaidoyer contre les conséquences des Campagnes d'Italie de Quatremère de Quincy qui, dans ses Lettres à Miranda[62], s'insurge contre les déplacements des œuvres d'art et vestiges archéologiques d'Italie à l'étranger. L'auteur prend l'exemple des statues antiques, séparées les unes des autres alors même que leur intérêt réside dans leur réunion. Partant du principe qu'il y a une harmonie entre les œuvres, et une harmonie entre ces œuvres et la Nation qui les a vues naître, Quatremère de Quincy dénonce en creux les volontés françaises d'appropriation du patrimoine italien ; une démarche qui détruit la principale vertu des ensembles, à savoir l'instruction à destination des artistes.

Le contexte historique explique l'intérêt pour l'objet que constituent les ensembles mais c'est le contexte juridique qui justifie l'atteinte importante qui est portée ainsi au droit de propriété.

2. Le contexte constitutionnel

Le droit de propriété tel qu'il est énoncé dans le Code civil italien ne diffère pas foncièrement de la formulation retenue par le Code civil français. Le droit de propriété est

---

60 Par la loi n° 286 du 28 juin 1871 art. 4.

61 R. SALEILLES, *op. cit.*

62 A-C. QUATREMÈRE DE QUINCY, *op. cit.*

le droit de jouir de la chose et d'en disposer de manière totale et entière dans le respect des limitations de l'ordre juridique[63]. Cependant, à la différence du Code civil français, le Code civil italien fait directement référence, à l'article 839, à la particularité des biens culturels qui sont soumis aux lois spéciales en vigueur. Le Code civil français ignore l'existence du droit spécial des biens culturels. Il est sous-entendu à l'article 544 dans la référence aux limitations imposées par les lois et les règlements mais l'idée d'une propriété culturelle particulière n'y est pas formalisée.

La protection des biens culturels trouve enfin une légitimation dans la constitution : l'article 9 de la Constitution de 1947 prévoit que la République « protège le paysage et le patrimoine artistique de la Nation ». La Constitution française ne connaît pas d'équivalent[64]. Le préambule de 1946 ne consacre qu'un droit à la culture (al. 13).

La conception de la propriété en droit italien diffère foncièrement du droit français. Les théories de la fonction sociale de la propriété, énoncées en France par Léon Duguit[65], n'ont pas eu de conséquence pratique. En revanche la constitution italienne intègre cette notion dans la définition qu'elle donne de la propriété à l'article 42 de la Constitution : « la propriété privée est reconnue et garantie par la loi qui en détermine les modes d'acquisition, de jouissance et les limites, dans le but d'en assurer la fonction sociale et de la rendre accessible à tous ». La propriété

---

[63] Art. 832 du Code civil italien.

[64] Le patrimoine culturel n'a pas été pris en compte dans la charte de l'environnement comme composante du développement durable.

[65] L. DUGUIT, Les transformations générales du droit privé depuis le Code Napoléon, Paris, F. Alcan, 1912 p. 147

italienne est imprégnée de l'idée de fonction sociale qui s'oppose nécessairement à l'absolutisme propriétaire[66].

Le contexte juridique conduit à penser que les dispositions sont difficilement transposables en droit français sans révision constitutionnelle. Toutefois, il est impossible de tirer de fermes conclusions au regard de la relativité du travail législatif et du contrôle du Conseil constitutionnel[67]. L'intégration de telles dispositions dépendrait des formulations choisies, des mesures fiscales mises en place, etc.

L'étude des tentatives législatives de protection des ensembles fait état de cette relativité et de la difficulté qu'il y a à définir les ensembles et à se saisir de cet objet.

Section 2 : Les tentatives de concrétisations législatives

Trois propositions ou projets de loi ont tenté d'introduire une protection des ensembles dans le droit du patrimoine : la proposition de loi du député Pierre Lequiller[68], du sénateur Lafitte[69] – en réponse à celle de Lequiller - et enfin un projet de loi toujours en débat déposé par l'ancienne

---

[66] A. LUCARELLI et J. MORAND-DEVILLER, « Biens communs et fonction sociale de la propriété : le rôle des collectivités locales », *Petites affiches*, 04 juin 2014 n° 111, p. 14. La question des biens communs suscite de nombreux débats chez les juristes italiens et connaît un début de consécration dans ce droit.

[67] Voir *infra* Partie II, Titre II, Chapitre I.

[68] Proposition de loi relative à la protection du patrimoine, n° 246, présentée (not.) par M. LEQUILLER, député, 2000-2001.

[69] Proposition de loi tendant à renforcer la protection des biens mobiliers dont la conservation présente un intérêt historique ou artistique, n° 105, présentée (not.) par M. LAFITTE, sénateur, 2000-2001.

ministre de la Culture Fleur Pellerin[70]. Les tentatives diffèrent dans les techniques envisagées (§1) mais se rejoignent sur un point : elles se heurtent au droit de propriété (§2).

§1. La variété des voies envisagées

La délimitation de l'objet à protéger a subi des fluctuations (A) tout comme les techniques de protection envisagées (B).

A. Se saisir de l'objet

Il convient tout d'abord de voir de quel(s) objet(s) les projets et propositions ont entendu se saisir. Nous étudierons ainsi la relation entre les ensembles dits décoratifs (1), qui supposent la présence d'un immeuble et de meubles, et les ensembles purement mobiliers qui font référence aux collections (2).

1. La préoccupation première pour les décors

En raison des cas de dispersions spectaculaires, l'attention législative s'est tout d'abord portée sur les ensembles décoratifs. La proposition de loi de Pierre Lequiller portait dans un premier temps uniquement sur la question des ensembles mixtes. Ce n'est qu'au cours du travail législatif que la donnée des ensembles mobiliers a été rajoutée. De même, la recommandation du Conseil de l'Europe ne concernait d'abord que les ensembles historiques, entendus comme ensembles mixtes.

La question des ensembles décoratifs est abordée par l'entrée de l'immeuble par destination et par la lacune de loi

---

[70] Projet de loi relatif à la liberté de la création, à l'architecture et au patrimoine, n° 591, 2015-2016.

de 1913 en la matière (le classement d'un immeuble n'entraînant pas le classement des immeubles par destination). A partir de la problématique de l'immeuble par destination, sont abordés les meubles unis par un lien plus intellectuel que matériel à l'immeuble.

Au-delà du contexte marqué par les destructions, l'attention tout d'abord portée aux ensembles mixtes peut s'expliquer par l'importance de l'immeuble en droit du patrimoine. La protection des ensembles mixtes s'inscrit dans le prolongement de la protection de l'immeuble. Les décors jouent aussi un rôle particulier dans l'histoire de l'art français en raison de la place importante qu'y occupent les arts décoratifs, particulièrement au XVIIIème siècle. Tout naturellement, ce sont les demeures et châteaux qui sont les premiers concernés.

La collection en tant qu'objet est quant à elle beaucoup plus diffuse et difficile à saisir. Elle recouvre des réalités très différentes. Pour autant, ce sont les collections qui ont progressivement recueilli l'intérêt du travail législatif.

2. Le déplacement progressif vers les collections

La protection des ensembles mobiliers, alors même qu'elle semblait plus secondaire, prend le dessus sur celle des ensembles décoratifs. Le projet de loi actuel place au premier plan les ensembles mobiliers qui peuvent être classés contre la volonté du propriétaire. Les ensembles mixtes ne sont pas reconnus en tant que tels. Le projet permet seulement d'instaurer une servitude d'immobilisation avec l'accord du propriétaire. L'indivisibilité est plus aisée à admettre que l'indivisibilité couplée à l'immobilisation. En effet, l'immobilisation touche au plus près du droit de jouissance des biens. L'opportunité juridique a donc conduit à déplacer le centre d'intérêt initial.

B. Choisir la technique

Ici s'opposent la proposition de loi Lequiller, telle que modifiée par l'Assemblée nationale, d'une part et la proposition de loi Lafitte ainsi que le projet de loi Pellerin d'autre part. Les techniques envisagées nous permettent d'y déceler des conceptions différentes du droit du patrimoine. La proposition Lequiller se détache de la logique du droit des biens (1) là où la proposition Lafitte et le projet Pellerin optent pour le paradigme de la servitude (2).

1. Le détachement de la logique du droit des biens

Initialement, la proposition de M. Lequiller faisait référence à la notion de servitude pour instaurer une protection des ensembles mixtes. C'est au cours du débat de la proposition à l'Assemblée nationale que l'esprit de la disposition a été considérablement modifié. Était ainsi proposé de réputer les ensembles mixtes immeubles par nature. Cela revenait, de façon très excessive, à consacrer la logique d'ensemble, au point d'un faire un seul et un même bien immeuble par sa nature.

Cette disposition, dont on ne peut que constater la maladresse, témoigne de l'idée d'incompatibilité entre les qualifications du droit civil des biens (meubles / immeubles) et les impératifs de protection du patrimoine[71]. Les œuvres d'art seraient irréductibles à ces catégories. Une telle conception tend à faire perdre le caractère fédérateur et englobant du droit civil des biens dont le droit du patrimoine est une branche. Le droit du patrimoine ne peut

[71] J. UNTERMAIER, « La qualification de biens culturels en droit français », in *Droit du patrimoine culturel immobilier*, Paris, Economica, 1986, p. 17.

remettre en cause ces catégories essentielles mais il peut les adapter[72].

La question de la qualification de l'immeuble par destination s'est aussi posée. La proposition Lequiller modifiait la loi de 1913 et ramenait l'immeuble par destination dans le chapitre des immeubles. La proposition se montrait ici plus respectueuse des qualifications du droit des biens. Mais c'est au nom de l'économie générale de la loi que l'initiative a été critiquée : considérer les immeubles par destination comme des immeubles conduisait à en interdire systématiquement le détachement[73], alors qu'une telle interdiction n'est pas pertinente pour tous les biens d'un point de vue artistique et historique.

2. Le paradigme de la servitude

Au contraire, la proposition du Sénateur Lafitte et le projet de loi Pellerin se réfèrent au modèle plus classique et acceptable de la servitude sans revenir sur les qualifications du droit des biens.

Le droit du patrimoine a été conçu à partir de la loi de 1913 sur le modèle de la servitude. Charles Bernier, avocat du Ministère de l'Instruction publique et des Beaux-arts, rompu au droit des travaux publics a clairement mis en avant la soutenabilité des atteintes au droit de propriété en référence à d'autres servitudes déjà présentes dans le droit positif. Il s'exprime ainsi : « ces conséquences de la servitude sont-elles donc à ce point inouïes, exorbitantes, inconnues à notre législation actuelle ? En aucune façon[74] ».

---

[72] M. CORNU, Droit culturel des biens, *op. cit.*

[73] Car l'article sur le dépeçage des immeubles aurait trouvé à s'appliquer.

[74] Rapport sur la servitude légale d'utilité publique imposée aux immeubles d'une partie de la rue de Rivoli, commandé le 17 juillet 1909 par la 3ème sous-commission (MAP80/1/40). Pour une réflexion sur le

La « propriété servitude » constitue aujourd'hui le modèle retenu par le droit du patrimoine.

Les deux textes (Lafitte et Pellerin) reprennent cette logique de la servitude d'immobilisation des biens, servitude qui serait prononcée au moment du classement des biens ou postérieurement à celui-ci. Les déplacements et aliénations ne pourraient se faire qu'avec l'accord de l'administration.

La notion de servitude a l'avantage de la souplesse. Elle est justifiée dès lors qu'on détermine un nouvel intérêt général à protéger. Les servitudes peuvent ainsi être indéfiniment multipliées. A l'occasion des débats autour de ces projets et propositions de loi s'est naturellement posée la question de l'atteinte au droit de propriété. On dépasserait, avec la servitude d'immobilisation, le « seuil d'acceptabilité du commun[75] ».

§2. La propriété, un obstacle commun

La propriété est au centre de la réflexion sur les ensembles. Nous n'analyserons à ce stade du raisonnement la notion de propriété qu'au prisme des tentatives législatives. Nous formaliserons le rapport des ensembles au droit de propriété, de façon plus approfondie et conceptuelle, dans la seconde partie de ce travail. L'atteinte au droit de propriété est toujours amenée dans les débats avec plus ou moins de ferveur. Cette question est par exemple absente des débats sur la loi Pellerin et est

---

paradigme de la servitude voir : J. LACAZE « Les débats autour du classement d'office : quand l'idée de servitude l'emporte (1908-1909) », in *1913 Genèse d'une loi sur les monuments historiques, op. cit.*, p.98.

[75] M. CORNU, « Propriété et patrimoine, entre le propre et le commun », *Pour un droit économique de l'environnement, Mélanges en l'honneur de Gilles J. Martin*, ED. Frison-Roche, 2013, pp.145-161.

uniquement mentionnée dans l'avis du Conseil d'État[76] ; alors qu'elle déchaînait les passions à l'occasion des débats sur les propositions de loi Lequiller et Lafitte. Cela tient à une raison très simple : le projet de loi actuel porte sur beaucoup de questions différentes particulièrement sensibles (la création, le patrimoine immobilier, les aires de protection, le patrimoine mondial de l'humanité, l'archéologie, etc.), alors que les propositions de 2001 portaient exclusivement sur la question des ensembles.

L'argument de l'atteinte à la propriété est exposé avec une certaine relativité. Il s'agit aussi d'un argument politique. L'analyse qui en est faite par le Conseil constitutionnel montre à quel point il peut y avoir un décalage entre le discours et la pratique ; entre un droit de propriété érigé en fondement de l'ordre social et l'acceptation de multiples atteintes portées à celui-ci.

Conclusion du Titre I :

Les ensembles, à la fois exclus et recherchés par le droit du patrimoine, représentent un idéal inatteignable de ce droit. L'histoire du droit du patrimoine autant que les orientations de la protection s'accordent peu avec une protection des ensembles décoratifs. Ces derniers intéressent, font parler d'eux, donnent une impulsion à la production normative mais peinent à être concrétisés. Du strict point de vue du droit du patrimoine, les ensembles sont une nouveauté. Pour autant, l'inexistence des

---

[76] Avis du Conseil d'État sur le projet de loi relatif à la liberté de la création, à l'architecture et au patrimoine, N° 390.121, 2 juillet 2015. Le Conseil d'État considère que la servitude de maintien dans les lieux, même si elle ne peut être instituée qu'avec l'accord du propriétaire, porte une atteinte excessive au droit de propriété et à l'égalité devant les charges publiques.

ensembles en droit du patrimoine ne présume pas de leur insaisissabilité juridique. C'est au regard de la place de la problématique des ensembles au sein du droit commun que l'on peut en effet constater qu'à défaut d'une concrétisation législative certains mécanismes du droit commun font appel à la logique des ensembles décoratifs.

Titre 2 - Les ensembles dans le droit commun

Si le droit du patrimoine ne se saisit pas de la question des ensembles, le recours au droit commun permet de rechercher si la notion, bien que non consacrée, a une existence dans le droit. Il s'agira alors de rechercher si le droit commun s'intéresse aux ensembles décoratifs, si leur existence est un élément explicatif de certains mécanismes. La principale matière juridique concernée est le droit civil des biens qui ne poursuit pas en lui-même d'objectif de protection du patrimoine culturel.

Protéger les ensembles décoratifs suppose de concevoir une forme d'intangibilité[77] des biens qui nécessite d'assurer leur immobilisation. Protéger en immobilisant ; figer, dans le temps et l'espace, le sort de certains biens. Le droit civil des biens fournit à ce titre des clés de lecture intéressantes pour notre sujet.

On constate tout d'abord que le droit civil des biens ne touche que partiellement à la problématique des ensembles en ce sens qu'il n'en perçoit que la dimension ornementale. La notion d'ensemble décoratif peut à la fois faire référence aux ornements qui supposent l'existence d'un lien matériel entre l'immeuble et le meuble, et à l'ameublement où le meuble conserve matériellement son indépendance. Nous nous intéresserons ainsi dans un premier temps à la prégnance de ce lien matériel (Chapitre 1) avant de rechercher les manifestations, rares, du lien immatériel (Chapitre 2).

---

[77] M. CORNU, « L'espérance d'intangibilité dans la vie des œuvres », *RTD civ.*, 2000, p. 697. Pour une recherche de la vocation des biens à durer : J-F. BARBIÉRI, « Perpétuité et perpétuation dans la théorie des droits réels », thèse, Toulouse, 1977.

Chapitre 1er : La prégnance du lien matériel

Le lien matériel qui unit l'immeuble à son ornement est appréhendé par le droit commun au travers de deux techniques : l'attache à perpétuelle demeure dans l'immobilisation par destination (Section 1) et l'incorporation (Section 2). La seconde technique présentant un degré d'intangibilité supérieur à la première.

Section 1 : L'attache à perpétuelle demeure

La notion civiliste d'immobilisation par destination intègre la dimension ornementale dans la technique de l'attache à perpétuelle demeure. Il convient de rechercher comment l'ornement est ainsi apprécié et quels pourraient être les ressorts pour notre sujet (§1). Nous abordons là une notion de droit commun qui n'est pas propre à la matière patrimoniale. Cela nous conduit à nous interroger sur les objectifs qu'elle poursuit pour en mesurer exactement les apports (§2).

§1. L'attache à perpétuelle demeure et la prise en compte des ensembles

L'article 525 du Code civil décline les applications de « l'attache à perpétuelle demeure » à différents types d'ornements : les glaces, les « tableaux et autres ornements » et les statues. Il nous faut tout d'abord comprendre le principe de la notion d'immobilisation par destination (A) avant de rechercher en quoi cette notion prend en considération la question des ensembles décoratifs (B).

A. Le principe de l'attache à perpétuelle demeure

Le Code civil retient et définit deux formes d'immobilisation par destination : l'affectation du meuble à l'exploitation de l'immeuble et l'attache à perpétuelle demeure (1). C'est le second versant de l'immobilisation par dcstination, l'attache à perpétuelle demeure, qui concerne le plus directement les ornements (2).

1. Définition

L'immobilisation par destination est une fiction juridique qui permet de concevoir une catégorie intermédiaire de bien entre le meuble et l'immeuble. Les biens meubles, en raison de leur fonction ou de leur situation, doivent suivre le sort de l'immeuble auquel ils sont affectés ou rattachés. Le premier critère de reconnaissance est commun aux deux modalités d'immobilisation : les biens doivent appartenir au même propriétaire. Le meuble doit ensuite participer à l'exploitation du fonds - pour la première fonction de l'immobilisation par destination - ou lui être attaché à perpétuelle demeure - pour la seconde. Les deux fonctions privilégient tantôt un lien fonctionnel, tantôt un lien matériel. Les ornements, visés à l'article 525, seraient principalement concernés par la dimension matérielle de l'immobilisation par destination. Nous verrons dans la suite de ce raisonnement l'application difficile du rapport fonctionnel d'affectation aux décors.

La technique de l'attache à perpétuelle demeure est critiquée par une grande partie de la doctrine qui n'y voit qu'une redondance et une complication inutile de la notion d'incorporation[78].

---

[78] « La classe des immeubles par destination, qui est une source de difficultés constantes, est peut-être la création la plus inutile du droit

2. Conditions

D'après l'article 524, sont immeubles par destination les biens que le propriétaire a attachés à son fonds à perpétuelle demeure. L'article 525 détaille les conditions : les biens sont immeubles par destination lorsqu'ils « sont scellés en plâtre ou à chaux, ou à ciment, ou lorsqu'ils ne peuvent être détachés sans être fracturés et détériorés, ou sans briser ou détériorer la partie du fonds à laquelle ils sont attachés ». L'article fait ensuite référence aux glaces qui « sont censées mises à perpétuelle demeure, lorsque le parquet sur lequel elles sont attachées fait corps avec la boiserie » (alinéa 2) ; il en va de même pour « les tableaux et autres ornements » (aliéna 3). Enfin, un sort particulier est réservé aux statues qui « sont immeubles lorsqu'elles sont placées dans une niche pratiquée exprès pour les recevoir, encore qu'elles puissent être enlevées sans fracture ou détérioration » (alinéa 4).

Le Code civil fait donc état de l'importance du lien matériel qui se manifeste dans le mode de scellement et dans les effets destructeurs du détachement, exception faite des statues qui, en raison de leur poids, font l'objet d'un traitement particulier et ne nécessitent pour être immobilisées qu'un agencement architectural particulier. La jurisprudence s'est très tôt détachée des conditions d'attache posées par le Code civil. Il nous est permis d'analyser cette liberté au regard de notre sujet puisque le dépassement du critère matériel se fait au prix d'une analyse de la cohérence des ensembles.

---

moderne » M. PLANIOL, G. RIPERT, *Traité pratique de droit civil français, Tome III Les biens*, Librairie générale de droit et de jurisprudence, 1926 p. 78.

B. L'intérêt pour les ensembles traduit par l'éloignement du lien matériel

La jurisprudence considère que les critères posés par le Code civil ne sont pas limitatifs[79]. L'attache à perpétuelle demeure peut être retenue indépendamment des conditions strictes de scellement ou de positionnement, lorsque la condition de l'aménagement spécial est remplie (1). L'attention portée à l'aménagement a ainsi conduit la jurisprudence à s'intéresser à la cohérence d'ensemble des décors (2).

1. La condition de l'aménagement spécial : le rapport entre le meuble et l'immeuble

La jurisprudence relative à l'attache à perpétuelle demeure s'est rapidement détachée des critères posés par le Code civil au profit d'une analyse plus fine de la relation qu'entretiennent les biens[80]. En effet, dans les cas où les conditions d'attache requises par le Code civil ne sont pas strictement remplies, les juges vont rechercher d'autres indices matériels révélant la volonté du propriétaire

---

[79] P. GULPHE , « L'immobilisation par destination », thèse, Paris, 1946 p. 113 : L'auteur explique aussi ce détachement par l'inadéquation des critères du Code civil avec l'évolution des modes d'aménagement des intérieurs.

[80] Paris, 16 avril 1996, D. 1997. Somm. 18 : (litige relatif à l'assiette d'une vente et à la qualification de boiseries) ; jugé que des boiseries, bien que non scellées, sont des immeubles par destination. Cela conduit le commentateur de l'arrêt à dire que « l'intention du propriétaire supplée à l'absence de scellement ».

Poitier, 23 avril 1968. JCP. 1969. 2. 15857 : (interprétation d'une clause de vente excluant les objets mobiliers). Des vases non scellés et simplement posés sont jugés immeubles par destination car ils sont destinés à « former un ensemble ornemental pour la décoration du château ».

d'attacher le meuble à perpétuelle demeure. C'est ainsi que le critère de l'aménagement spécial se substitue aux simples critères de scellement lorsqu'il apparaît que l'immeuble a été pratiqué pour recevoir le meuble et que les dimensions du meuble sont parfaitement adaptées à cet espace[81]. Le détachement des conditions posées par le Code civil conduit le juge à analyser plus finement les rapports qu'entretiennent le meuble et l'immeuble et ainsi à utiliser le critère de la cohérence de l'ensemble ornemental pour reconnaître l'immobilisation.

2. La référence à la cohérence de l'ensemble

Au-delà du recours au critère de l'aménagement, la jurisprudence semble substituer au critère matériel un « critère intellectuel[82] » reposant sur une analyse de l'ensemble décoratif. Cependant, un lien de solidité suffisant est toujours exigé pour reconnaître l'attache à perpétuelle demeure ; à défaut, l'immobilisation par destination ne peut être retenue. L'analyse de l'ensemble interviendra au secours d'un lien matériel existant mais trop lâche au regard du Code civil.

C'est au nom d'une harmonie de l'ensemble, de sa cohérence ornementale qu'est reconnue l'immobilisation par destination. Au contraire, le caractère disparate des styles[83] ou la preuve matérielle qu'un élément a été rapporté

---

[81] Cass. Civ. 1ère, 5 mars 1991 (Heuls C/ Epx Rayon), D. 1991. Somm. 304, obs. A. Robert : (litige relatif à l'assiette d'une vente et à la qualification d'une bibliothèque) ; est immeuble par destination une bibliothèque spécialement conçue aux dimensions de la pièce et qui ne pourrait être détachée sans altérer la substance de la pièce.

[82] P. GULPHES, « L'immobilisation par destination », *op. cit.* p. 114.

[83] Nancy, 25 mars 1905, DP.1906 2. 366 : (réclamation de l'acheteur de l'immeuble visant à intégrer dans la vente de celui-ci des éléments d'ornements). Les glaces litigieuses ne sont pas adaptées aux

à une époque récente[84] suffisent à écarter l'immobilisation par destination pour peu que le lien de solidité ne soit pas suffisamment fort. Le juge développe ainsi une véritable réflexion sur la nature d'ensemble ornemental et sur l'atteinte à son intégrité tant matérielle qu'intellectuelle que le retrait de l'ornement provoquerait[85].

Les critères de l'aménagement spécial et le recours à la cohérence de l'ensemble et des styles se retrouvent dans la jurisprudence dite du « tout indivisible » où il s'agit au contraire de justifier la qualification d'immeuble par incorporation[86]. On constate donc toute la relativité de la

---

dimensions ni au style de la pièce, elles ne sont pas immeubles par destination.

[84] Poitier, 23 avril 1968, *op. cit.* : Les trumeaux, contrairement aux vases, ne sont pas qualifiés d'immeubles par destination car il apparaît *« qu'ils ont été rapportés à une époque récente »*, constat qui ne permet pas de dépasser la lâcheté du lien d'attache. Elles ne peuvent donc pas être réclamées par l'acheteur.

[85] Bourges, 3 décembre 1902, D.P. 1903 2. 244 : (litige relatif à la détermination de l'assiette d'une succession mobilière – qualification de tapisseries). Juge que les tapisseries d'un château ne sauraient être retirées sans « changer profondément le caractère des pièces ou chambres où elles se trouvent ». Elles sont immeubles par destination et ne font ainsi par partie de la succession mobilière, elles suivent au contraire le sort de l'immeuble.

[86] J. SECHIER-DECHEVRENS, « L'immobilisation par destination », thèse, Lyon, 2005, p. 229 : critique la confusion de l'attache à perpétuelle demeure et de l'incorporation dans la jurisprudence alors que les deux catégories sont opératoires en droit : le choix de la qualification entraînera l'application d'un régime différent (ex : en cas d'expropriation pour utilité publique). L'auteur propose donc un critère strict de distinction, reposant sur la place de la volonté plus prégnante dans l'immobilisation que dans l'incorporation. De même, Jean-François Barbiéri (« Perpétuité et perpétuation dans la théorie des droits réels » *op. cit.* p. 295) fait la distinction entre les deux en précisant que la technique de l'incorporation ignore la dimension de l'affectation.

prise en compte des ensembles dans le droit commun et dans la jurisprudence tant civile qu'administrative. Il apparaît que le recours à l'une ou l'autre des catégories du Code civil dépend essentiellement des objectifs poursuivis. S'agissant de l'immobilisation par destination, l'objectif ne réside pas dans un impératif de protection.

§2. Les objectifs de l'immobilisation par destination et la protection des ensembles

La technique de l'attache à perpétuelle demeure fait référence à la notion d'ensemble ornemental : si cette mise au jour témoigne d'une sensibilité de la jurisprudence à l'égard de l'aménagement intérieur des demeures, elle ne nous est d'aucune utilité si nous ne comprenons pas dans quel raisonnement global elle s'insère. Il serait en effet fâcheux de penser que la référence à la cohérence d'un ensemble par le juge traduit immédiatement un intérêt de protection proprement patrimonial. L'immobilisation par destination poursuit des objectifs particuliers auxquels le patrimoine culturel est étranger (A). Il convient par ailleurs d'isoler l'usage qui a été fait de la notion dans la construction de la théorie du domaine public mobilier. L'immobilisation a reçu, dans ce contexte particulier, une application aux objets d'intérêt culturel (B).

A. L'immobilisation par destination étrangère à l'objectif de protection du patrimoine

L'objet de la fiction juridique est de déterminer si le bien doit suivre le sort de l'immeuble dans les actes de dispositions juridiques qui l'affectent. A défaut de manifestation de volonté contraire, les immeubles par destination suivent le sort de l'immeuble[87]. Quel peut être la place de l'argument patrimonial dans ce contexte ? Le recours à la cohérence de l'ensemble est à la fois un critère et une conséquence mais n'est pas un objectif. L'analyse de la cohérence de l'ensemble est un critère, parmi d'autres, de reconnaissance d'une catégorie dont l'objet dépasse le cadre patrimonial. Toutefois, dans la plupart des cas, la reconnaissance de l'immobilisation par destination permet d'empêcher le détachement des immeubles par destination de l'immeuble dans lequel ils sont compris. Cette conséquence est incidente car rien ne pourra aller à l'encontre de la volonté du propriétaire de faire cesser l'immobilisation, lorsque celle-ci est valablement exprimée[88]. La référence aux objectifs de l'immobilisation de destination nous permet si ce n'est d'exclure du moins de tempérer les apports pratiques de la notion. Le principal apport de la technique est d'assurer une perpétuation du rapport entre des biens.

Utilisée à l'appui de la construction du domaine public mobilier, l'immobilisation par destination poursuit un objectif différent. Il semble qu'elle ait été particulièrement appliquée aux objets d'intérêt culturel afin de leur étendre le régime protecteur de la domanialité publique des immeubles dans lesquels ils se trouvent et avec lesquels ils forment un tout.

---

[87] Par exemple : la saisie de l'immeuble concerne aussi les immeubles par destination (Loi du 9 juillet 1991 art. 14) ; en application de l'article 1615 du Code civil selon lequel « l'obligation de délivrer la chose comprend ses accessoires et tout ce qui a été destiné à son usage perpétuel », la vente d'un immeuble comprend les immeubles par destination.

[88] P. MALAURIE, L. AYNÈS, *Les biens, op. cit*, p. 57 : la reconnaissance de la cessation de l'immobilisation par destination nécessite un « acte matériel ou juridique de séparation » (Cass.civ. 1ère, 7 avril 1998, Bull.civ. I, n° 143).

B. La particularité du recours à l'immobilisation par destination dans la construction du domaine public mobilier

L'immobilisation par destination est souvent présentée comme une première étape de la reconnaissance du domaine public mobilier[89]. Par l'entrée de la théorie de l'accessoire civiliste, les juges vont reconnaître que des biens, plus ou moins attachés à perpétuelle demeure à un immeuble appartenant lui-même au domaine public, font partie du domaine public mobilier et, partant, bénéficient de son régime protecteur. Des arrêts de la fin du XIXe siècle et du début du XXe sont ainsi présentés par la doctrine comme ayant eu recours à la théorie de l'immobilisation par destination pour reconnaître la domanialité publique de biens meubles. Marcel Waline en fait une catégorie à part entière lorsqu'il élabore une typologie par énumération du domaine public mobilier : « font encore partie du domaine public, les objets mobiliers, qui, attachés à perpétuelle demeure à un édifice faisant lui-même partie du domaine public, peuvent de ce fait être considérés comme des immeubles par destination[90] ».

L'immobilisation par destination est cependant entendue très largement : c'est simplement au titre de la présence des meubles au sein d'un immeuble du domaine public que la théorie de l'accessoire est appliquée. Lorsque Marcel Waline parle « d'attache à perpétuelle demeure », il ne fait pas référence à la technique civiliste mais à la théorie plus générale de l'accessoire et à la notion générique d'affectation. Les arrêts qu'il cite à l'appui de sa thèse réfutent expressément les moyens tirés de l'immobilisation

---

89 F. Hourquebie, « Domaine public mobilier », *RDP* 2005, p. 635 : l'auteur présente l'immobilisation par destination et plus généralement la théorie de l'accessoire comme une des premières justifications de la domanialité publique mobilière.

90 CA Nîmes, 4 décembre 1944, D. 1944, p. 30, note Waline.

par destination[91]. Les deux arrêts cités par l'auteur font référence de façon générique à « l'attache à perpétuelle demeure » ou à « l'affectation à la décoration » des objets d'art conservés dans des Églises. Le tableau de Delacroix, acquis par don de l'État et conservé dans l'Église de Nantua[92], devait, en application des conditions sous-entendues par le don, rester « à perpétuelle demeure » dans le monument auquel l'État avait entendu « l'affecter ». Le juge réfute cependant la qualification d'immeuble par destination au sens du Code civil ce qui nous confirme que c'est la notion d'accessoire qui est utilisée. La volonté de créer un rapport d'accessoire est déduite du régime des libéralités émanant de l'État, duquel le juge tire une charge de conservation *in situ.* L'arrêt n'est pas rendu sur le fondement de la domanialité publique mais sur celui du régime des donations.

Les tapisseries de l'Église de Saint-Gervais, second litige évoqué par Marcel Waline, sont déclarées hors commerce en application de l'article 2226 du Code civil car elles sont passées de la propriété de l'État à celle de la commune pour être « affectées à la décoration de l'Église ». Les tapisseries constituent, elles aussi, un « souvenir de la libéralité ». Les tapisseries font partie du domaine public communal et sont, à ce titre, inaliénables et imprescriptibles. Cet arrêt, comme le précédent, porte l'idée que l'abandon de la propriété de l'État ne s'est faite que sous la condition d'un usage déterminé caractérisé par le maintien d'une œuvre au sein d'un monument, partie du domaine public immobilier communal.

[91] Lyon, 19 décembre 1873, Commune de Nantua, D.P. 1876 2. 89. / Paris, 12 juillet 1879, Préfet de la Seine, D.P. 1880.2.101. Arrêts cités par : CA Nîmes, 1944, Note Waline, *ibid.*

[92] Lyon, 1873, Commune de Nantua, *op. cit.*

La dimension de l'accessoire est plus évidente dans un arrêt de 1896[93] : « attendu que de ce qui précède il résulte que la bibliothèque dont s'agit fait partie du domaine public communal de la Ville de Mâcon ; - attendu que les livres et manuscrits qui sont la partie essentielle d'une bibliothèque dépendant du domaine public, appartiennent nécessairement à ce même domaine ». Dans l'arrêt de la cour de Nîmes, la domanialité publique des chevaux de l'armée ne peut être reconnue, en ce qu'ils ne sont pas, entre autres, « la partie constitutive et essentielle d'un immeuble dépendant du domaine public ».

L'usage de la théorie de l'accessoire nous est utile en ce qu'elle a été principalement appliquée aux objets culturels. Elle permet d'établir un rapport dynamique entre le contenu et le contenant, entre l'objet d'art et son lieu de conservation. Les juges sont conduits *in fine* à ordonner la remise en place du bien dans son lieu d'origine. L'idée que des biens meubles compris dans un immeuble du domaine public appartiennent au domaine public sous-entendrait aussi, dans ces jurisprudences, qu'ils doivent y rester. Ils sont intimement liés au sort de l'immeuble dans la mesure où c'est lui qui médiatise le régime de leur protection. Il ne faut cependant pas sous-estimer l'importance des références aux charges des libéralités.
Le recours à cette conception très large de l'accessoire a permis de protéger des aliénations les objets mobiliers compris dans des immeubles du domaine public dans le but - et la référence à la destination décorative nous conforte dans cette idée - de protéger des dépeçages, d'éviter de vider les immeubles de leur contenu.

---

[93] Selon Fabrice Hourquebie *op. cit.* : Cass. 17 juin 1896, D. 1897.1.257 ; S. 2. 185.

Nous avons recherché du côté de l'immobilisation par destination, et en particulier de l'attache à perpétuelle demeure, des ressorts pour la compréhension de notre sujet. Si le lien matériel est essentiel, celui-ci a pu être apprécié de manière souple en référence à l'existence d'un ensemble décoratif dont l'intégrité mérite d'être maintenue. Cependant, au regard des objectifs que poursuit l'immobilisation par destination, la réflexion bute : la référence aux ensembles n'est qu'un critère qui ne change rien à l'objectif que poursuit la notion et qui est définitivement étranger à toute logique de protection. Il s'agissait de déterminer l'assiette de vente ou l'étendue de la domanialité publique. Au contraire, le recours à l'incorporation, lorsqu'il s'agira de maintenir des décors en place, poursuit un objectif de protection patrimoniale clairement énoncé.

Section 2 : L'incorporation

Le recours à la notion d'incorporation répond à une tout autre logique intellectuelle. Là où l'immobilisation par destination suppose un rapport d'accessoire à principal, l'incorporation vise à créer un seul et même bien. Dans l'un, le meuble, quoiqu'immobilisé, conserve son indépendance, dans l'autre, il perd sa nature pour faire corps avec l'immeuble. En matière ornementale, le recours à la notion est limité à des situations particulières (§1). Son utilisation n'est pas anodine et présente de nombreuses implications tant juridiques qu'extra juridiques (§2).

§1. Le recours à l'incorporation

Les ornements sont toujours qualifiés d'immeuble par nature lorsqu'il s'agit d'éléments de façade ou de décors de type architectonique. En revanche, pour les autres ornements, la qualification retenue est le plus souvent celle d'immeuble par destination. Il convient donc de comprendre pourquoi les juges recherchent activement la qualification d'immeuble par nature là où, dans d'autres circonstances, ils auraient eu recours plus classiquement à celle d'immobilisation par destination. Nous rechercherons tout d'abord les raisons de cette démarche (A) avant d'en analyser les critères d'application (B).

A. Les raisons du recours à l'incorporation

Comme nous l'avons vu au début de cet exposé, les immeubles par destination sont, en droit du patrimoine, considérés comme des meubles. Partant, ils peuvent être détachés librement ainsi que le droit commun le permet. Nous avons déjà exposé les principales raisons qui ont conduit à considérer comme meuble les immeubles par destination.

Le recours à l'incorporation plus qu'à l'immobilisation permet d'évacuer du raisonnement juridique un élément fondamental : la volonté du propriétaire qui préside tant à la constitution de l'immobilisation par destination qu'à sa cessation. En effet, l'immobilisation par destination est avant tout un pouvoir du propriétaire. C'est de son intention que les juges déduisent la volonté d'immobiliser et c'est par son action que cesse l'immobilisation. Les dispositions du droit du patrimoine ne permettent pas d'aller à l'encontre de cette volonté[94]. Au contraire, l'incorporation a une dimension plus réelle que personnelle car elle repose sur le mécanisme de l'accession et non sur celui de l'affectation. L'incorporation entraîne la qualification d'immeuble par

[94] La loi liberté de la création, architecture et patrimoine du 7 juillet 2016 met en place un système d'autorisation préalable au détachement des immeubles par destination attachés à perpétuelle demeure à un immeuble classé ou inscrit (article L621-9 c.pat).

nature des ornements qui lui sont liés non pas du fait de la volonté du propriétaire mais du fait de la nature même des choses. Toujours est-il que, selon le droit commun, le propriétaire est toujours libre de détacher un élément qui a le caractère d'immeuble par nature, le bien devenant alors un meuble du fait du détachement[95]. C'est l'application d'une protection patrimoniale qui justifie que l'on passe outre la volonté du propriétaire par l'application de l'article 2 de la loi de 1913 qui prohibe le morcellement d'immeuble par nature et ouvre au préfet le droit d'imposer autoritairement la remise en place[96].

B. Les critères de reconnaissance du « tout indivisible »

La jurisprudence dite du « tout indivisible » a été inaugurée par la Cour de cassation[97] suivie de près par la juridiction administrative. La théorie du tout indivisible conduit à qualifier d'immeuble par nature des éléments d'ornement des édifices[98]. Le recours à cette théorie n'est

[95] Cass. Ass. Plèn., 15 avril 1988, Fondation Abbeg, D. 1988 325 concl. Cabannes, note Maury ; JCP 1988 II 21066 rapport Grégoire, note Barbiéri. Détermination de la juridiction compétente territorialement en matière internationale : des fresques, immeubles par nature, deviennent des meubles du fait de leur détachement. La juridiction française est incompétente.

[96] Art. L621-33 C. patr.

[97] Cass, 18 janvier 1938, Gaz. Pal. 1938 I. 702.

[98] Cass. civ. 1ère, 19 mars 1963, Société Carlhian, JCP G 1963 II.13190. Note Esmein. Condamnation d'un acheteur et d'un vendeur de boiseries sur plainte du ministère de la Culture. Action en revendication de l'acquéreur des boiseries déboutée ; lesdites boiseries ont le caractère d'immeuble par nature et ne pouvaient ainsi être détachées de l'immeuble ;

TA, Versailles 28 février 1995, Société Transurba, D. 1995, I.462. Note Demouveaux. La protection du château de la Roche-Guyon au titre de la

cependant utile qu'en de rares cas. Il faut tout d'abord que l'immeuble soit protégé au titre de la loi de 1913 et que les biens répondent à certains critères.

Les juges n'ont recours à l'incorporation que lorsque l'immeuble au principal est classé ou inscrit au titre de la loi de 1913. C'est ce contexte qui justifie la recherche de l'immeuble par nature au moyen de critères qui, dans un autre contexte, auraient certainement conduit à la qualification d'immeuble par destination. La théorie du tout indivisible poursuit un objectif de protection patrimoniale

---

loi de 1913 s'étend aux boiseries qui forment avec lui un tout indivisible ; elles ne pouvaient ainsi être détachées ;

CE, 24 février 1999, Société Transurba, D. JCP G 2000 n° 3, p. 80 note Deumier. Les bas-reliefs du château de la Roche Guyon sont des immeubles par nature et bénéficient ainsi de la protection de l'immeuble : « ayant été réalisés en 1769 pour être intégrés dans le décor du grand salon du château de la Roche-Guyon dont l'aménagement a été terminé à cette date, et, d'autre part, la partie des murs située au-dessus des portes d'accès à ce grand salon ayant été spécialement aménagée pour que les deux bas-reliefs y soient encastrés, ces bas-reliefs formaient avec l'ensemble du grand salon, auquel ils ont été, dès l'origine, intimement et spécialement incorporés, un tout indivisible ; qu'ils avaient, dès lors, le caractère d'immeubles par nature et bénéficiaient en conséquence du classement comme monument historique du château de la Roche-Guyon » ;

CE, 28 novembre 2014, n° 361063 : recours contre l'acte d'inscription d'un pavillon et de ses panneaux peints. Le juge retient la qualification d'immeuble par nature des panneaux, « considérant (...) que le bâtiment ayant fait l'objet de l'inscription au titre des monuments historiques, érigé au XVIIème siècle, (...) avait la destination d'un pavillon de plaisance, était en bon état de conservation, avait conservé sa forme et ses caractéristiques architecturales originales, propres à la ville de Montbéliard, et demeurait représentatif d'une histoire locale particulière, en dépit des modifications intervenues à plusieurs reprises et de la dépose des panneaux de bois peints à laquelle les propriétaires avaient procédé ». N'ayant pas le caractère de meuble, leur inscription pouvait se faire au titre des immeubles.

contrairement à l'immobilisation par destination qui n'a ni pour objet ni pour finalité de protéger l'intérêt culturel des biens.

Trois critères sont retenus de façon relativement stable, pour reconnaître l'existence d'un tout indivisible donc d'un immeuble par incorporation. Il faut tout d'abord que les ornements (boiseries, bas-reliefs, panneaux, etc.) aient été intégrés dès l'origine dans l'immeuble. Il doit y avoir une concordance chronologique de conception de l'immeuble et de l'ornement. L'ornement doit avoir été conçu dès l'origine pour s'intégrer dans l'immeuble. Ce premier critère semble être le critère principal. Ensuite, l'ornement doit être spécialement et intimement lié à l'immeuble d'un point de vue matériel. On doit pouvoir remarquer que l'immeuble a été spécialement pratiqué pour recevoir l'ornement. Enfin, les ornements ne sauraient être détachés sans porter atteinte à l'intégrité de l'immeuble. La notion d'intégrité peut ici être entendue d'un point de vue matériel l'enlèvement causerait un dommage à l'immeuble et à l'ornement ; et immatériel car l'immeuble ne pourrait plus être considéré comme intellectuellement complet.

On constate que les critères retenus sont très proches de ceux appliqués à l'immobilisation par destination ornementale : la concordance des styles, le critère de l'origine, l'aménagement spécial et l'atteinte à l'intégrité par le détachement. Cette confusion appelle naturellement des critiques que ne nous pouvons formuler que si nous comprenons les implications du recours à la théorie du tout indivisible.

§2. Les implications du recours à l'incorporation

Le recours à la théorie de l'incorporation est doublement critiqué : au titre du trouble qu'elle introduit dans les qualifications juridiques (A) et du faible intérêt qu'elle présente pour la protection des ensembles (B)

A. Les critiques du point de vue de la qualification juridique

Pour certains, la question de la qualification forcée ne pose pas de problème. C'est ce qu'exprime Esmein dans son commentaire sous l'arrêt Carlhian[99] : « Quand un édifice comporte des boiseries, des sculptures, qui ont été conçues par le constructeur pour former avec lui un ensemble, il est clair que leur classement commande qu'elles n'en soient pas séparées, sans qu'il soit besoin de choisir entre les qualifications possibles de meubles adjoints à un immeuble ». Au contraire, tout un pan de la doctrine voit dans cette jurisprudence un « byzantinisme excessif[100]» qui dénature les catégories juridiques et rend les solutions imprévisibles. Les juges sont accusés « d'adapter avec plus ou moins de bonheur la qualification des biens aux buts recherchés, consacrant ainsi un indéniable empirisme téléologique[101] ». Il ne devrait pas revenir au juge de pallier les insuffisances de la loi de 1913 par une adaptation plus ou moins heureuse des catégories centrales et structurantes du droit des biens : « Il est regrettable que, pour pouvoir bénéficier du régime juridique de l'immeuble par nature, ait été ainsi malmenée l'une des distinctions fondamentales du droit des biens[102] ».

---

[99] Cass. civ. 1ère, 1963, *op. cit.* note Esmein

[100] J-L. Bergel, M. Bruschi, S. Cimamonti, *Traité de droit civil, Les Biens*, Dalloz, 2010, p. 24.

[101] J-F., Barbiéri, « Perpétuité et perpétuation dans la théorie des droits réels », *op. cit.*, p. 302.

[102] H. Périnet Marquet, JCP G. 1999 n° 42 p. 1877.

B. Les limites du point de vue de la protection

La protection ainsi instaurée par la théorie du tout indivisible peut être critiquée sur le plan juridique mais aussi sur le plan des théories de la conservation qu'elle porte. Outre le fait que seuls les ornements peuvent être protégés par cette jurisprudence, les critères retenus par les juges sont très réducteurs et révélateurs d'un certain dogme de la conservation. Le critère de l'intégration « dès l'origine » conduit à ne considérer comme valant protection que les ensembles présentant une unité du point de vue des styles et des époques. Le juge se fait ainsi porteur d'une certaine conception de l'authenticité[103] appliquée aux ensembles : il doit y avoir une stricte unité de conception. Un ensemble esthétiquement exceptionnel mais historiquement disparate ne pourrait ainsi tomber sous le coup de la jurisprudence du tout indivisible[104]. Le juge se lance ainsi dans des recherches de provenance et de conception des œuvres[105].

[103] M. CORNU, « L'espérance d'intangibilité dans la vie des œuvres », *op. cit.*

[104] Ainsi, Esmein (note sous l'arrêt Carlhian *op. cit.*) prédit que la qualification d'immeuble par destination sera désormais réservée aux cas où les ensembles ne présentent pas d'unité stylistique ou chronologique.

[105] Ce à quoi se livre le commissaire du gouvernement Demouveaux (conclusions sous : TA Versailles, 4 juillet 1996 D. 1997 p. 33). Il s'agissait cette fois-ci des bas-reliefs, et non des boiseries, du Pavillon d'Enville du Château de la Roche-Guyon. Le commissaire se livre à des recherches historiques fouillées pour prouver que les bas-reliefs sont postérieurs à la réalisation du Pavillon et qu'ils ne présentent, au regard de l'histoire de la sculpture, qu'un faible intérêt décoratif. La cour d'appel, suivie par le Conseil d'État, optera au contraire pour la qualification d'immeuble par nature.

Le rapport du juge à l'esthétique est particulièrement complexe[106]. Il ne semble pas qu'il soit du rôle du juge que de faire œuvre de sélection au sein des arts. Cette critique est plus sociale que juridique car l'analyse de l'esthétique est parfois une étape obligatoire du contrôle. Le contentieux de la Samaritaine est à ce titre un bon exemple des tensions que le contrôle de l'esthétique par le juge peut occasionner. La Cour administrative d'appel[107] a refusé d'annuler la décision du Tribunal administratif par lequel avait été annulé le permis de construire de la nouvelle Samaritaine. La Cour retient en effet que le permis de construire ne respecte pas les conditions d'insertion des constructions contemporaines du règlement du plan local d'urbanisme. Elle retient que le projet n'assure pas une insertion harmonieuse tout en se gardant de juger la qualité intrinsèque du projet. Au contraire, le Conseil d'État[108] censure l'arrêt de la Cour pour erreur de droit en interprétant différemment les prescriptions du règlement. Selon le Conseil d'État, les textes étaient de nature à permettre la délivrance du permis de construire pour des constructions contemporaines. Réglant l'affaire au fonds, le Conseil d'État retient que la construction s'insérait correctement dans le tissu urbain et patrimonial. Dans ces affaires, on relève que le contrôle entier que le juge doit exercer le conduit à pousser au plus loin le contrôle de la qualification des faits ; aboutissant à deux solutions radicalement différentes, l'une visant à empêcher la modernisation du centre historique de Paris, l'autre cherchant à l'encourager.

---

[106] J. MORAND-DEVILLER, « Esthétique et patrimoine », *AJDA*, 1993 p. 89.

[107] CAA Paris, 5 décembre 2014, 14PA02696 et 14PA02791.

[108] CE, 19 juin 2015, Société Grands magasins de la Samaritaine – Maison Ernest Cognac – Ville de Paris, n° 387061 et 387738.

Les jurisprudences sur le tout indivisible n'ont enfin qu'un faible pouvoir protecteur, à cause tout d'abord de la nécessité d'élever un contentieux pour la mettre en œuvre et ensuite du fait que seuls les ornements (attachés par un lien matériel) peuvent être protégés dans leur intégrité. Au travers du critère de l'attache à perpétuelle demeure et de la technique de l'incorporation, on constate un intérêt particulier de la jurisprudence pour la cohérence des ensembles. Ce ne sont que les ensembles ornementaux qui sont concernés à ce stade en raison de la prégnance du lien matériel. Il nous faudrait maintenant rechercher si le droit commun nous fournit les outils intellectuels pour formaliser un lien immatériel d'ordre esthétique, historique ou patrimonial, qui unirait les biens.

Chapitre 2 : La relativité du lien immatériel

Ce que nous appelons « lien immatériel » ne va pas nécessairement de soi. L'expression n'est pas juridique, elle fait référence à un état de fait, au constat que la réunion de plusieurs biens présente une valeur supérieure à la valeur propre des biens qui composent l'ensemble. Nous parlons surtout de lien immatériel par opposition au lien matériel qui est nécessaire dans la reconnaissance de l'attache à perpétuelle demeure et de l'incorporation. La reconnaissance d'un lien immatériel permettrait de s'abstraire et de dépasser les rapports matériels entre les biens. Le droit commun envisage-t-il ce type de rapport entre les biens ? Il semble le faire avec la première déclinaison de l'immobilisation par destination. Ce n'est qu'après avoir expliqué les problématiques et l'intérêt du lien immatériel (Section 1) que nous pourrons procéder à son analyse concrète, au travers, principalement, de la notion d'immobilisation par destination (Section 2).

Section 1 : Problématiques et intérêt du lien immatériel

Si certains éléments de culture juridique font obstacle à la conceptualisation du lien immatériel (§1), celui-ci présente un intérêt tout particulier pour notre sujet (§2).

§1. Les obstacles de culture juridique

Du point de vue du droit privé, deux notions structurantes de la pensée juridique vont à l'encontre de la prise en compte des ensembles fondés sur un lien immatériel. Les obstacles sont propres à la nature des biens d'une part (A) et relatifs aux règles de partage en droit des successions d'autre part (B).

A. Les obstacles propres à la nature des biens

La distinction principale opérée par le droit des biens entre les meubles et les immeubles peut en apparence constituer un obstacle. La distinction repose sur un critère physique : le propre d'un immeuble est de ne pouvoir être aisément déplacé ; le propre d'un meuble réside dans sa mobilité (que l'immobilisation par destination peut venir contrarier). La distinction est ainsi censée reposer sur la nature des biens. Immobiliser un bien meuble revient à aller contre sa nature. Pour autant, la distinction est-elle d'ordre public ? En d'autres termes, les parties à un contrat peuvent-elles décider de la nature d'un bien à l'occasion d'une mutation ? La réponse à cette question n'est pas évidente. Jean Carbonnier[109] exclut catégoriquement la nature d'ordre

[109] J. CARBONNIER, Droit civil, Les biens, Presses universitaires de France, 2000, p. 147. Selon l'auteur, la distinction « dépasse depuis

public de la distinction et il semble que les jurisprudences qui l'admettent doivent être contestées[110]. L'intention du propriétaire occupe une place non négligeable dans l'immobilisation par destination au point qu'il serait possible de dégager la catégorie des immeubles par destination « par la volonté du propriétaire[111] ». Si la volonté du propriétaire peut adapter les qualifications, il reste toutefois que la distinction meuble / immeuble est structurante et appelle l'application de régimes différents.

Ce ne serait peut-être pas tant la distinction entre les meubles et les immeubles qui irait à l'encontre de la protection des ensembles que la conception économique du bien meuble dont la mobilité exacerbe le pouvoir de disposition du propriétaire. Ce serait ainsi dans le pouvoir de disposition du propriétaire, qui suppose le déplacement et la séparation des biens, que résiderait le risque. Enfin, il faut noter que le droit des biens envisage les biens *ut singuli*, rarement *ut universi*. Le droit du patrimoine s'est attaché à cette position pour considérer les biens indépendamment du rapport qu'ils entretiennent entre eux.

---

longtemps le cadre de la nature des choses et dépend de la volonté. La qualification de meuble ou d'immeuble a une plasticité qui autorise de larges aménagements. L'intérêt général n'est pas concerné par ces aménagements qui relèvent de la souveraineté du propriétaire ».

[110] Cass. civ. 3ème 26 juin 1991, JCP 1992 II. 21825. n. J-F Barbiéri. L'auteur de la note critique la portée très générale du considérant de principe de la Cour de cassation, qui laisse entendre qu'il n'est pas possible de faire des aménagements conventionnels sur la nature mobilière ou immobilière des biens.

[111] J. SECHIER-DECHEVREINS, « L'immobilisation par destination », *op. cit.*, p. 91. L'auteur oriente sa démonstration autour de la critique de la conception objective de l'immobilisation par destination pour lui privilégier une approche subjective centrée sur la volonté. Elle analyse la jurisprudence comme allant jusqu'à dégager la catégorie « d'immeuble par destination par la volonté ».

B. La règle du partage en droit des successions

La règle du partage qui prévaut en droit des successions est un frein majeur à la conception et à la protection des ensembles. Il semble que cette règle ait toujours empêché d'envisager une protection des ensembles. Le partage égal entre les ayants droit légaux est organisé par le Code civil et constitue le socle du droit des successions[112]. La qualification et la protection des ensembles supposeraient, à l'occasion des successions, de déroger aux règles du partage pour empêcher la dispersion. Le droit le permet en certains cas. Les « souvenirs de famille[113] » sont réputés indivisibles par le juge et sont remis entre les mains d'un héritier[114] en raison du lien d'ordre moral et affectif qui unit ces biens à la famille, si bien que ceux-ci ne sauraient être dispersés. Les souvenirs de famille ne peuvent être vendus qu'au sein de la famille ou à une institution muséale publique. La jurisprudence apprécie strictement la catégorie des souvenirs de famille en raison des dérogations aux règles

---

112 J. CHRISTIAN, *Droit civil, Les successions, Les libéralités*, Montchrestien, 2ème édition, 2010 : « Voilà le sujet du droit des successions : désigner des héritiers, gérer l'actif et le passif laissé par le défunt pendant la période qui suit le décès (...), déterminer les droits de chacun (...) puis répartir les obligations et les biens : c'est le partage » p. 2.

113 Cass. civ. 1ère, 21 février 1968, Defrenois 1978 866. obs. G. Champenois ; D. 1978 505. note Lindon, JCP II. 1978.18836, concl. Gulphe : « Les souvenirs de famille échappent aux règles de dévolution successorale et de partage établies par le Code civil et peuvent être confiés, à titre de dépôt, à celui des membres de la famille que les Tribunaux estiment le plus qualifié ». Pour une analyse de la notion : J-F BARBIÉRI, « Les souvenirs de famille : mythe ou réalité juridique ? », JCP. 1984. I. 3156.

114 Qui doit être considéré comme le seul propriétaire étant donné que la famille n'a pas de personnalité morale et qu'il ne s'agit pas non plus d'une hypothèse d'indivision. BARBIÉRI *ibid.*

successorales que leur reconnaissance implique. Sont surtout considérés comme tels des documents, portraits, décorations qui ont un lien direct avec un membre de la famille. En revanche, le juge se refuse à les reconnaître dans des objets ou documents qui, quoique conservés dans la famille depuis des générations, n'ont pas de lien avec un membre de la famille[115]. La conception restrictive des souvenirs de famille et le cantonnement aux objets d'une valeur plus morale que vénale s'expliquent par la crainte de la résurgence des mécanismes de l'Ancien droit comme les substitutions et biens de mainmorte que le Code civil a abolis. Le principe reste celui du partage donc de la dispersion (c'est d'ailleurs pour cela que les dispositions fiscales, que nous avons évoquées en première partie, se sont concentrées sur les conséquences des mutations). Le droit américain offre un autre modèle successoral avec la technique du *trust* dans lequel une masse de bien est confiée à une tierce personne qui a la charge de la gérer au profit de bénéficiaires et d'en transmettre la propriété à une personne déterminée. Entendu largement, le *trust* permet de conserver la maîtrise du destin d'une masse de biens dont le propriétaire souhaite éviter la dispersion.

Des règles structurantes du droit privé semblent donc nous dissuader de notre recherche. Toutefois, il convient d'exposer les raisons qui, pour notre sujet, nous poussent tout de même à rechercher l'expression de ce lien immatériel.

---

[115] Cass. civ. 1ère, 21 févier 1968, *ibid.* Ne sont pas des souvenirs de famille des lettres de Napoléon 1ère à Marie-Louise réunies par un membre de la famille et transmis comme tel depuis plusieurs générations. La cour refuse de voir des souvenirs de famille dans des « documents qui ne concernent pas la famille, n'émanent pas de ses membres et ne leur ont pas été adressés ».

§2. L'intérêt de l'expression du lien immatériel

Nous recherchons l'expression de ce lien immatériel, de nature plus largement esthétique qu'ornemental, pour une raison principale qui tient à l'étendue de notre sujet : nous nous interrogeons en effet sur la relation entre les ensembles décoratifs et le droit, ensembles entendus comme comprenant à la fois les ornements, unis par un lien matériel à l'immeuble, et l'ameublement (au sens large).

Ainsi, rechercher au-delà du lien matériel est nécessaire si nous souhaitons embrasser l'ensemble de notre sujet. La donnée qui permet de passer du lien matériel au lien immatériel est celle de l'affectation. C'est de l'existence ou non de ce rapport d'affectation et de son étendue que va dépendre le périmètre de notre objet. L'affectation permet d'établir un rapport dynamique entre les biens sans référence nécessaire à leur union matérielle.

Nous avons constaté que le droit saisit les ensembles ornementaux au travers des notions d'attache à perpétuelle demeure et d'incorporation. Nous nous engageons désormais, lorsqu'il ne s'agit plus de la seule dimension ornementale, sur un terrain où l'inconnu règne : il faut d'ores et déjà constater qu'il n'y a pas de notion ni de principe qui permettent de reconnaître l'existence, si ce n'est la protection, d'un ensemble décoratif composé de meubles purs[116]. Ce prédicat nous conduit ainsi à rechercher dans le droit commun des éléments de réflexion plus que des réponses.

Section 2 : La recherche du lien immatériel

L'immobilisation par destination permet d'immobiliser des biens meubles sans exigence de lien matériel s'ils

[116] Cela est possible de façon plus ou moins contraignante depuis la loi du 7 juillet 2016. Voir les articles L622-1-1 et L622-1-2.

participent à l'exploitation du fonds principal, en application de l'article 524 du Code civil. Ce versant de l'immobilisation par destination permet de reconnaître un lien d'affectation entre des biens de nature différente. L'analyse de ce lien nous pousse à conclure à l'inapplicabilité de la notion de destination au rapport esthétique (§1). Cependant, la volonté, élément essentiel de l'immobilisation par destination, peut paradoxalement présenter certains apports pour notre sujet (§2).

§1. L'inapplicabilité de la notion de destination au lien esthétique

La notion de destination, propre à la technique de l'immobilisation par destination, ne paraît pas applicable aux rapports d'ordre esthétique. Cela pour deux raisons : l'immobilisation par destination est avant tout une notion économique (A) et ne paraît pas raisonnablement devoir être adaptée au lien esthétique (B).

A. L'immobilisation par destination : une notion présupposée économique

L'immobilisation pas destination (hors attache à perpétuelle demeure) est souvent présentée comme une notion principalement économique[117]. La jurisprudence a élargi le champ d'application, au-delà des exploitations agricoles et industrielles, aux exploitations commerciales. « L'artifice a une fonction économique » qui est de « maintenir une unité économique d'exploitation des

[117] P. GULPHE, « L'immobilisation par destination », *op. cit.* : L'auteur soutient cette idée tout au long de sa thèse, ce qui lui permet de distinguer deux natures différentes d'immobilisation par destination.

biens[118] ». Les biens immobilisés sont censés être productifs.

De là, certains auteurs en déduisent une différenciation entre les deux modes d'immobilisation : les immobilisations de type économique qui ne nécessitent pas d'attache matérielle et les immobilisations ornementales, conditionnées par l'attache à perpétuelle demeure. La fonction décorative ne pourrait alors être reconnue que dans le cas où elle fait l'objet d'une exploitation économique dans le cadre d'un hôtel par exemple[119]. Par ailleurs, la destination esthétique serait trop aléatoire et contingente pour que la volonté du propriétaire puisse être extériorisée de façon certaine[120]. D'autres auteurs, au contraire, réunifient la notion d'immobilisation par destination autour du concept d'affectation qui concerne autant les hypothèses d'exploitation économique que de destination somptuaire. Ces auteurs rejettent l'argument tenant à la contingence des ensembles décoratifs[121]. La question de savoir si

---

[118] G. CORNU, *Droit civil, Les biens,* 13ème édition, Montchrestien, 2007, p. 25.

[119] Cass. civ. 3ème, 29 octobre 1984, Bull III n° 177 p.138 : sont considérés comme des immeubles par destination des meubles non attachés à perpétuelle demeure mais participant à l'exploitation de l'hôtel dans le château.

[120] P. GULPHE, *op. cit.*, p. 163 : « La destination d'un effet mobilier qui ne sert qu'à compléter l'aménagement ou la décoration d'une maison d'habitation est entachée d'une certaine présomption de précarité. On ne peut affirmer que le propriétaire soit décidé à le maintenir avec la même certitude, que lorsqu'il s'agit d'accessoires d'exploitation. La continuité d'une affectation de ce genre est aléatoire. Elle dépend essentiellement, en effet, de facteurs beaucoup moins stables, tels que le goût, la fantaisie ou le caprice de son auteur, qui évoluent eux-mêmes avec les mœurs et la mode ».

[121] J-F BARBIÉRI, « Perpétuité et perpétuation… » *op. cit.*, p. 283 : « On notera cependant, d'abord, que le choix et les modalités de l'exploitation d'un fonds sont étroitement fonction de la volonté et du

l'immobilisation par destination est une notion unique ou double présente peu d'intérêt pratique dans la mesure où la jurisprudence n'a jamais reconnu, par exemple, l'immobilisation par destination des éléments mobiliers d'un salon. Il n'est pas nécessaire de prendre parti dans ce débat car on peut considérer que l'état du droit réalise une conciliation. Le critère de l'attache ornementale, appréciée de manière souple – comme évoqué précédemment – permet d'introduire, au-delà du lien d'attache, une dimension d'affectation, c'est-à-dire un rapport d'ordre plus dynamique entre les biens. On peut considérer aussi qu'il n'est pas nécessaire que la jurisprudence aille plus loin dans cette entreprise. Le lien matériel serait suffisant pour matérialiser la volonté du propriétaire d'immobiliser le bien dans la mesure où, en matière d'arts décoratifs, il n'est pas évident de savoir si le propriétaire a entendu affecter les biens à son fonds ou à lui-même. La richesse d'une décoration mobilière peut en effet sembler se rattacher plus à la personne qu'au fonds. Le lien d'attache apparaît donc nécessaire pour matérialiser la volonté du propriétaire.

---

bon vouloir du propriétaire du fonds, aussi bien en matière agricole qu'en matière industrielle ou commerciale ; ensuite, que l'aménagement d'un fonds suivant certaines conceptions ornementales met les biens affectés au service, au sens large, du fonds, ne serait-ce que sur le plan esthétique (complément d'un ensemble) et que certaines complémentarités artistiques se révèlent, au moins, pour chaque époque, aussi impérieuses que les complémentarités purement techniques exigées par l'exploitation d'un fonds. Si les unes comme les autres sont sujettes à changements en fonction de l'évolution de la mode, des mœurs, de la science et de la technique, on observera que de nombreux ensembles décoratifs ont survécu à cette évolution, alors que de nombreux modes et formes d'exploitation n'y ont pas survécu. Il ne nous semble donc pas qu'il y ait sur ce point une différence de nature entre les diverses hypothèses de destination ».

B. L'immobilisation par destination : une notion inadaptée

La notion paraît inadaptée tant du point de vue de la logique que des conséquences. On ne peut certainement pas, pour les objets décoratifs, retenir l'idée de participation à l'exploitation en dehors de l'existence d'une activité. Il faudrait substituer à l'exploitation la notion de service ; l'immobilisation par destination serait ainsi plus fonctionnelle que productive. Si la notion de service a pu être avancée pour reconnaître des formes de destinations dites « civiles » (domestiques[122] ou religieuses[123] par exemple), elle ne semble pas être adaptée aux ensembles décoratifs. Cela est dû à l'inadéquation du rapport de principal à accessoire auquel ne correspondent pas les ensembles. Le principe de l'ensemble se rapproche plutôt de la logique de l'universalité qui met tous les biens sur le même plan. Dans l'universalité de fait, les biens, par leur réunion, sont supposés créer un nouveau bien né du tout[124]. Cependant, au regard du peu de consistance juridique que présente la notion d'universalité de fait[125], il ne paraît pas opportun d'envisager plus en avant cette hypothèse, si ce

---

[122] L'existence d'une affectation civile de nature domestique est débattue : J-L. BERGEL, M. BRUSCHI, S. CINAMONTI, *Traité de droit civil. Les biens*, *op. cit.*, p. 20.

[123] CE, 22 juin 1946, Rec. Lebon p. 262 : « les meubles nécessaires à l'exercice du culte constituent, en raison du lien étroit qui existe entre eux et l'édifice qu'ils garnissent, des immeubles par destination au sens de l'article 524 du Code civil ».

[124] F. ZENATI-CASTAING, T. REVET, *Les Biens*, Presses universitaires de France, 3ème édition, 2008, p. 204 n° 103 : « Elle (l'universalité) est un ensemble de biens constitutif d'un bien. Ce bien a une existence autonome, distincte de chacun des biens qui le composent ». Sont des universalités de fait : les troupeaux, les bibliothèques, les portefeuilles de valeur mobilière, les fonds de commerce, etc.

[125] J. SECHIER-DECHEVRENS, « L'immobilisation par destination », *op. cit.*, p. 203.

n'est pour constater que son esprit est plus adapté à notre sujet que la relation d'accessoire.

Toujours du point de vue de la logique, il ne semble pas, si l'on procède à une lecture combinée des articles 534 et 525 du Code civil, que le droit ait et puisse envisager un rapport de destination de type esthétique entre les biens, indépendamment du lien matériel. Le code envisage le rapport de décoration dans les articles relatifs aux meubles meublants[126]. Selon l'article 534, les meubles qui servent à l'usage ou à la décoration d'une habitation sont des meubles meublants, c'est à dire des meubles au sens vulgaire du terme. En revanche, ne sont pas des meubles meublants les collections exposées dans des pièces ou des galeries particulières. Les qualifications qu'opère ici le Code civil n'ont que peu d'utilité pratique : elles suppléent au silence des parties en cas de ventes d'immeubles dits meublés, de saisies, ou encore de litiges autour du calcul des droits de succession. Il n'est pas évident de savoir si les ensembles dont nous parlons doivent être qualifiés au regard de l'article 534, de meubles meublants ou de collections particulières. La dimension proprement décorative voudrait en faire des meubles meublants. Mais d'un autre côté, la nature d'ensemble, la cohérence avec l'immeuble qui le reçoit peut faire pencher pour la solution inverse. Le critère du placement dans une pièce particulière peut être ainsi rempli. Toujours est-il que les décors, tels qu'envisagés par le Code civil, sont soit immeubles par destination du fait de l'attache à perpétuelle demeure, soit meubles meublants en application de l'article 534, ou autres catégories de meubles. Il n'existe pas d'autres possibilités.

---

[126] S. CHARPENTIER, « Un regard contemporain sur une disposition ancienne : les meubles meublants », Gaz. Pal 26 septembre 1968, Doctr. p. 1201.

Du point de vue des conséquences, la reconnaissance d'un lien de destination d'ordre esthétique ne paraît pas être souhaitable. Il ne faut pas oublier en effet que l'immobilisation par destination est une notion particulièrement opératoire, elle appelle l'application d'un régime précis. Les critères de reconnaissance seraient d'application délicate car relevant d'appréciations incertaines relatives à la qualité artistique ou historique d'un ensemble.

Pour terminer notre analyse du lien immatériel dans l'immobilisation par destination, il nous faut nous concentrer sur la volonté, qui est au cœur du concept, et qui, en apparence, constitue un obstacle.

§2. L'intérêt du rôle de la volonté dans le rapport de destination

La volonté est au cœur du mécanisme d'immobilisation par destination. L'affectation est un pouvoir du propriétaire[127] de disposer comme il le souhaite de ses biens et de leur imprimer la marque de leur usage. Pour notre sujet, on serait tenté de voir dans cette prégnance de la volonté un obstacle à l'intégrité des ensembles. Le propriétaire est libre de disposer de ses biens, de les déplacer ainsi que de les détruire (s'ils ne sont pas protégés). L'expression de la libre et imprévisible volonté du propriétaire est une source de la dispersion des ensembles. Cependant, la volonté dans l'immobilisation par destination est d'une nature particulière. Elle présente en effet une certaine permanence. A défaut de manifestation contraire de volonté des différents propriétaires d'un bien dans le temps, l'immobilisation voulue par le propriétaire

[127] G. CORNU, *Droit civil, Les Biens*, *op. cit.*, p. 26 : « affectation et désaffectation sont des actes intentionnels de maître ».

initial demeure. De même, l'immobilisation ne cesse pas pour cause de mort. La volonté est un élément quasi abstrait détaché de la personne physique de son auteur. Cette permanence de la volonté peut nous être utile. Elle nous fait d'ailleurs penser à la justification théorique de la protection patrimoniale selon Raymond Saleilles. Selon cet auteur, la protection des biens culturels par l'État est justifiée par l'existence d'une propriété supérieure : celle de l'auteur de l'œuvre. L'État est ainsi chargé de protéger la volonté de l'auteur. Dans notre cas, il s'agirait de protéger la volonté non pas de l'auteur des œuvres (au sens de l'artiste) mais de son propriétaire, auteur de l'ensemble. Ainsi, si l'on raisonne en termes de conception et de propriété artistique, nous serions conduits à voir dans les ensembles une forme d'expression protégée par la propriété littéraire et artistique[128].

Conclusion du Titre II

Le droit commun, envisagé particulièrement sous l'angle du droit civil des biens, n'ignore pas la dimension décorative des ensembles. Celle-ci est en soi inhérente à la logique de l'attache à perpétuelle demeure. L'intérêt reste cependant limité dans la mesure où il paraît impossible et non souhaitable d'élargir l'institution de l'immobilisation par destination à la protection des décors indépendamment du lien d'attache matériel. L'apport principal du droit commun se limite ainsi à la compréhension des ensembles ornementaux, c'est à dire des biens meubles attachés matériellement à un immeuble et formant avec lui un ensemble indissociable. Le rapport d'affectation présent

[128] Cependant, les juges se refusent à reconnaître le caractère d'œuvre de l'esprit à une collection. Par exemple : refus de reconnaître comme œuvre de l'esprit une collection de voitures, CA Paris, 25 mai 1988 Schlumpf.

dans l'immobilisation par destination des biens affectés à l'exploitation du fonds ne correspond pas à la logique des ensembles. Il faudrait sortir de ces institutions juridiques pour rénover la notion d'affectation et la rendre compatible avec la protection des ensembles.

Conclusion de la Partie I

Le droit commun comme le droit du patrimoine touchent du doigt la problématique des ensembles et justifient l'intérêt juridique que présente notre objet. Les ensembles peinent cependant à trouver leur place « dans le droit », ce qui nous conduit à un essai d'élaboration du « droit des ensembles ». Le point de départ de cette tentative se trouve dans la conclusion de cette première partie : l'élément qui permet de dépasser le lien matériel se trouve dans la notion d'affectation qui, pour ce qui est de l'institution de l'immobilisation par destination, ne semble pas pouvoir être appliquée aux ensembles décoratifs. Pour autant, il nous paraît pertinent d'essayer de travailler autour de cette notion pour construire une protection des ensembles contraignante. La notion d'affectation sera donc au cœur de notre élaboration du droit des ensembles qui ne se voudra pas un droit fiction, mais simplement une forme de projection visant à déterminer comment une protection des ensembles pourrait être formalisée.

Partie 2 - Le droit des ensembles

L'étude du droit positif conduit à un constat simple : le droit s'intéresse aux ensembles décoratifs mais ne les embrasse pas complètement. La raison en est que l'objet n'est pas formalisé juridiquement, formalisation à laquelle nous allons consacrer cette seconde partie. L'enjeu sera de comprendre en quoi pourrait exactement consister une protection des ensembles, à quels mécanismes cela ferait référence et comment le droit serait prêt à les recevoir.

Les ensembles décoratifs ne sont pour l'instant consacrés par aucune loi[129]. Un projet de loi est actuellement en débat au Sénat. L'intégration potentielle des ensembles décoratifs dans une loi ne marque pas un coup d'arrêt aux développements sur le sujet. Les développements qui suivent n'entendent pas être vrais ou faux au regard de ce que le droit prévoit mais cherchent à dégager les principales lignes de force, les nouveautés, ou au contraire les inerties. Les ensembles décoratifs constituent un objet d'étude à part entière qui peut être inséré dans une culture juridique plus vaste.

Le postulat annoncé de ce travail doit être rappelé : la seule protection souhaitable des ensembles passe par la contrainte. Si l'on part du principe qu'une protection des ensembles décoratifs est souhaitable du point de vue de l'histoire de l'art, celle-ci doit être absolue et non relative du point de vue juridique. La contrainte unilatérale est le moyen le plus efficace pour parvenir à une telle exhaustivité. Au contraire, les voies contractuelles,

---

[129] Ils le sont aujourd'hui partiellement depuis la loi du 7 juillet 2016.

privilégiant la volonté et l'incitation sont par trop relatives pour réaliser le dessein patrimonial. Elles peuvent être un élément de soutien mais une protection totale ne peut pas s'appuyer entièrement sur ces outils.

C'est la recherche de la place des ensembles au sein du droit commun qui nous a permis de dégager la notion d'affectation qui caractérise les groupes de biens animés d'un certain but. Nous allons désormais nous intéresser à cette notion non plus seulement au travers des institutions qui y ont recours, mais en tant que telle, comme un possible outil d'explication de notre objet.

La nature des ensembles peut être conçue à partir de la détermination d'un rapport d'affectation (Titre I) ; le régime des ensembles peut l'être au regard des conséquences de cette affectation (Titre II).

Titre 1 - La nature des ensembles : la détermination d'une affectation

L'affectation permet de saisir l'idée de biens animés d'une finalité qui dépasse le seul intérêt du propriétaire. Elle caractérise les groupes de biens au sein desquels les différents composants poursuivent un même but qui scelle leur sort. L'affectation est un élément intéressant pour traiter des ensembles dans la mesure où cette protection supposerait d'assigner à des biens une fonction particulière (la perpétuation d'une mémoire patrimoniale) assurée par leur réunion physique en un lieu où ils auraient vocation à demeurer et à être utilisés d'une certaine manière.

Parler d'affectation nécessite de s'entendre sur le sens du terme et avant tout de le distinguer de ceux qui s'en rapprochent : la destination et la notion de servitude. L'affectation et la destination sont deux notions proches que certains auteurs ont entendu confondre[130], ou au contraire dissocier[131]. Il n'est pas nécessaire pour ce sujet de rentrer dans le débat de la distinction, surtout propre au droit privé : pour nous, les notions seront considérées comme synonymes, la différence de terminologie dépendant tout au plus des matières qui les emploient. Le droit de l'urbanisme aura tendance à parler de destination, là où le droit administratif des biens a consacré celle d'affectation pour définir le domaine public. L'affectation peut aussi être rapprochée du mécanisme de la servitude. Le droit du

[130] S. GUINCHARD, « L'affectation des biens en droit privé français », Thèse, Lyon, 1976, p. 33 et s.

[131] R. BOFFA, « La destination de la chose », Thèse, Montpellier, 2004, p. 9 et s.

domaine public a entendu distinguer les deux. Si l'on retient la définition de la servitude au sens civiliste du terme (le rapport entre un fonds servant et un fonds dominant), l'affectation peut difficilement en être rapprochée. Cependant, indépendamment de ce critère, il semble que les deux logiques aient pu être confondues dans la théorie du domaine public[132]. Du point de vue des effets restrictifs du droit de propriété, affectation et servitude peuvent être rapprochées. Toujours est-il qu'elles définissent des institutions différentes.

Il conviendra dans un premier temps d'essayer de saisir l'intérêt de la notion sous les différentes formes qu'elle peut prendre (Chapitre 1er) avant de l'appliquer à la matière patrimoniale (Chapitre 2).

Chapitre 1er : L'intérêt de la notion d'affectation

La compréhension du principe de l'affectation est tout d'abord nécessaire (Section 1). Nous rechercherons par la suite comment l'affectation, par dérogation à son principe, peut être externalisée, c'est-à-dire être indépendante de la volonté du propriétaire (Section 2). Cette seconde phase est essentielle dans la mesure où notre présupposé consiste à dire que la protection des ensembles doit passer par la contrainte, donc se rendre extérieure au propriétaire.

---

[132] Sur ce point : N. FOULQUIER, *Droit administratif des biens*, *op. cit.* p. 33.

Section 1 : Le principe du rapport d'affectation

La notion d'affectation a fait l'objet de développements dans différentes branches du droit public et du droit privé. En raison de la pluridisciplinarité inhérente à la protection juridique du patrimoine (elle implique des mécanismes de droit public – elle est une branche du droit civil des biens), nous rechercherons les différentes expressions de la notion d'affectation dans le droit entendu de manière générale (§1) avant d'en dégager l'unité et les apports pour notre sujet (§2).

§1. Les différentes expressions juridiques de l'affectation

La notion d'affectation a tout d'abord servi à la construction de la théorie du domaine public (A) tout comme elle constitue le fondement de certaines institutions du droit privé (B).

A. L'affectation en droit administratif des biens

La notion d'affectation a servi à la construction de la théorie du domaine public. Comme l'exprime le commissaire du gouvernement Latournerie, l'affectation « est la détermination du but assigné à un bien ou à une institution juridique et qui donne à la fois, aux pouvoirs impartis, aux autorités publiques qui ont à atteindre ce but, leur fondement et leur mesure[133] ». La notion d'affectation comme critère de reconnaissance du domaine public s'est imposée contre celui reposant sur la nature des biens : selon

---

[133] R. LATOURNERIE, concl. CE, 28 juin 1935, Marécar : D. 1936, III, p. 20.

cette dernière position, ne faisaient partie du domaine public que les biens insusceptibles de propriété privée[134].

La notion d'affectation a trouvé un écho particulier dans la réflexion de René Capitant dans sa note sous l'arrêt Commune de Barran[135]. Pour l'auteur, il faudrait substituer à la notion de domaine public, celle d'affectation. L'affectation selon Capitant ne concerne pas la propriété mais son utilisation ; elle est une notion dynamique qui prescrit un certain usage des biens et duquel découle, en toute logique, leur régime. L'affectation permettrait ainsi de concevoir un domaine infiniment plus varié ; ce qui conduit l'auteur à écarter la distinction entre le domaine privé et le domaine public, retenant que l'affectation peut tout autant concerner le domaine privé, voire même des propriétés particulières (l'auteur fait d'ailleurs le parallèle entre l'affectation et l'idée de propriété privée grevée d'une servitude d'utilité publique).

La réflexion désormais bien connue de l'auteur pourrait être réinterprétée à l'aune de notre sujet : les faits de l'espèce nous intéressent tout particulièrement en ce qu'ils visent une opération de dépeçage d'éléments ornementaux d'un monument cultuel et culturel. Capitant voyait dans cette décision « un grand intérêt pratique, en ce qu'elle protège toutes ces statues de saints et de saintes, tous ces trésors, tous ces chefs-d'œuvre dont trop souvent les antiquaires parviennent à déposséder nos églises[136] ». L'affectation est, dans ce cas, ce qui permet d'exiger que les

---

[134] J-M. AUBY, P. BON, J-B AUBY, P. TERNEYRE, *Droit administratif des biens*, Dalloz, 6ème édition, 2011, p. 36.

[135] CE, 17 février 1932, Commune de Barran, note Capitant, D.P. 1933.3.49.

[136] *Ibid.*

dalles ne soient pas dissociées de l'immeuble ; elles peuvent être vendues à condition qu'elles ne soient pas déplacées. L'affectation est donc bien l'élément dynamique qui prescrit l'usage qui doit être fait du bien. En l'espèce, les dalles sont affectées à la pratique du culte ainsi qu'à la décoration de l'Église en tant que bien culturel. Il est doublement impératif qu'elles restent liées à l'édifice.

La notion d'affectation sert cependant avant tout à distinguer le domaine affecté (le domaine public) du domaine non affecté (le domaine privé). Le domaine public[137] peut être affecté soit à l'usage direct du public[138], soit à un service public s'il est spécialement aménagé à cet effet[139]. Les développements contemporains sur la notion d'affectation tendent à en élargir le spectre et à en faire un élément englobant tant les biens publics que les biens de personnes privées affectés à une utilité publique[140].

B. L'affectation en droit privé

En droit privé, la notion d'affectation n'est pas construite de manière aussi unitaire qu'en droit public en ce qu'elle ne fait pas référence à une unique institution.

Les biens obéissent en principe à un régime qui correspond à leur nature ce qui explique l'importance des

---

[137] Article L2111-1 du code général des propriétés des personnes publiques.

[138] CE, 28 juin 1935, *Marécar* : *Rec. CE* 1935, p. 735 ; D. 1936, III, p. 20, concl. Latournerie, note M. Waline.

[139] CE, sect., 19 octobre 1956, n° 20180, *Sté Le Béton : Rec. CE* 1956, p. 375 ; D. 1956, p. 681, concl. M. Long.

[140] C. LOGÉAT, « Les biens privés affectés à l'utilité publique », Thèse, Rennes, 2009.

distinctions structurantes (meuble / immeuble ; corporel / incorporel etc.). Il est cependant possible que « le régime juridique d'un bien dépende de son utilisation et non pas de sa nature[141] ». L'analyse des biens en fonction de leur destination ou de leur affectation implique de concevoir les biens non plus selon leur nature mais selon l'utilisation qui en est faite. On constate que l'affectation en droit privé poursuit la même ambition qu'en droit public : il s'agit de dépasser la seule nature des biens pour les intégrer dans un rapport plus dynamique.

Deux types d'affectation peuvent être distingués en droit privé[142] : les affectations réelles et les affectations personnelles. Il n'est pas nécessaire de rentrer dans le détail des manifestations de ces affectations : il est possible d'affecter une chose à une autre (dans l'immobilisation par destination ou de façon moins opératoire dans les universalités de fait), d'affecter un ensemble de biens à une exploitation (le fonds de commerce). Les affectations personnelles se retrouvent dans les libéralités avec charges ou dans la logique des souvenirs de famille. L'unité de la notion d'affectation en droit privé peut être dégagée : « La notion d'affectation est une : c'est un procédé technique original d'utilisation des biens[143] ».

§2. L'unité de la notion et les apports

Au-delà de la différence fondamentale des institutions concernées par l'affectation en droit privé et en droit public, il est possible de retenir une certaine unité de la notion qui nous permettra d'en mesurer les apports. Dans tous les cas,

---

[141] GUINCHARD, *op. cit.*, p. 1.

[142] Dichotomie retenue par Guinchard, *ibid.*

[143] GUINCHARD, *op. cit*, p. 362.

l'affectation est entendue comme la « définition d'une finalité particulière en vue de laquelle un bien sera utilisé[144] ».

L'affectation, entendue de manière générique, consiste en l'établissement d'un rapport dynamique qui permet d'organiser l'usage de la chose. Elle tourne le bien vers un élément qui lui est extérieur. En organisant l'usage de la chose, l'affectation peut prescrire la réunion de plusieurs biens en vue de réaliser ce but. Le prix à payer de cette conception unitaire réside dans une certaine imprécision ou un réductionnisme du terme à son essence conceptuelle.

L'affectation est, en principe, un pouvoir du propriétaire. Affecter un bien revient à faire usage d'une utilité du droit de propriété. De la primauté de la volonté du propriétaire en résulte une certaine liberté donc une relativité et une imprévisibilité dans l'application du rapport d'affectation. Or, nous postulons que la protection des ensembles suppose la contrainte. Ainsi, la recherche des méthodes d'externalisation est essentielle. L'établissement de ce rapport entre les biens, au regard d'un but désigné, peut-il se concevoir en dehors de la volonté du propriétaire ?

Section 2 : L'externalisation du rapport d'affectation : les affectations autoritaires

Le droit peut-il prescrire autoritairement un usage de la chose ? Certains exemples tirés du droit positif prouvent l'existence de tels mécanismes : la destination légale[145] des immeubles dans l'espace public est parfaitement intégrée

[144] G. CORNU, *Vocabulaire juridique*, Association Henri Capitant, 11ème édition, Presses universitaires de France, V° Affectation p. 41.

[145] BOFFA, *op. cit.* p. 38 et s.

par le droit (§1) ; mais la limite de la destination légale semble s'imposer au seuil de l'espace privé (§2). L'enjeu sera alors de déterminer le degré de bouleversement qu'une protection autoritaire des ensembles provoquerait de ce point de vue.

§1. La destination légale des immeubles dans l'espace public

La détermination de l'usage des biens est courante notamment en droit de l'urbanisme. Vue sous cet angle, elle apparaît comme un instrument de contrôle du territoire (A) qui ne peut s'exercer qu'au nom d'une certaine justification et dans certaines limites (B).

A. La destination légale : un instrument de contrôle du territoire

Le droit public envisage divers éléments d'extériorisation autoritaire de l'affectation dans le cadre du contrôle du territoire. La puissance publique peut se saisir de l'affectation et la soustraire au pouvoir du propriétaire au sein du domaine public (1) comme sur l'ensemble du territoire national (2).

1. Le décalage entre propriété et affectation au sein du domaine public

La dissociation entre l'affectation et la propriété se retrouve au sein même du régime de la domanialité publique. On retrouve en effet ce décalage dans la théorie des mutations domaniales au nom de laquelle l'État peut décider de l'affectation d'un bien du domaine public d'une collectivité territoriale. Cette théorie se justifie par l'idée que l'État est propriétaire d'un « domaine éminent » et qu'il peut ainsi orienter l'utilisation des propriétés des collectivités afin de garantir une unité du domaine public. On retrouve une autre manifestation de ce décalage entre le propriétaire du domaine et son gestionnaire : un arrêt a en effet retenu que la décision d'affectation du domaine pouvait revenir au gestionnaire du domaine et non à son propriétaire[146].

La dimension autoritaire de détermination de l'usage des biens se retrouve particulièrement dans la réglementation d'urbanisme.

2. L'affectation légale comme outil classique de la réglementation d'urbanisme

L'État disposerait d'un droit éminent non seulement sur l'ensemble des propriétés publiques mais sur le territoire dans son entier. Le Code de l'urbanisme habilite ainsi les collectivités, principalement les communes, à régir leur territoire en orientant son utilisation via la réglementation d'urbanisme.

La réglementation de la destination des sols est une composante majeure de la règle d'urbanisme - elle constitue le but même de ce droit : « la règle d'urbanisme (…) a pour effet de limiter le droit de propriété, plus précisément elle vient limiter les prérogatives des propriétaires immobiliers quant à la gestion immobilière de leur bien[147] ».

Ce sont les plans locaux d'urbanisme (PLU) qui contiennent les dispositions les plus strictes relatives à la destination des sols. Le règlement du PLU précise les

---

[146] CE, 19 décembre 2007, *Commune de Mercy-le-bas,* Rec. Lebon, RDI 2008 p. 100.

[147] J-B. AUBY, H. PÉRINET-MARQUET, R. NOGUELLOU, *Droit de l'urbanisme et de la construction*, L.G.D.J., 2015 p. 199.

usages qui peuvent être faits des sols ainsi que la destination des constructions qui y sont édifiées (article L 123-1-5 code urb.). Une commune peut ainsi orienter son développement en décidant de la destination des sols (urbaine, naturelle, artisanale, etc.) et des constructions (usage de bureaux, d'habitations, etc.). La police de l'urbanisme impose aux propriétaires une forme particulière d'utilisation de leurs biens.

Un cas extrême de contrôle de la destination mérite d'être isolé : il s'agit des espaces boisés classés pour lesquels la faculté de disposition est particulièrement entravée. En application de l'article L.130-1 du Code de l'urbanisme, le classement en espace boisé classé interdit tout changement d'affectation des terrains qui serait de nature à « compromettre la conservation, la protection ou la création des boisements ». De cette interdiction découle un régime particulièrement strict. Les autorisations de défrichement doivent par exemple être systématiquement refusées[148]. Les propriétaires dont les parcelles sont ainsi classées par le PLU ne peuvent gérer leur bien comme ils l'entendent. Ne pouvant en choisir la destination ni y édifier de constructions, ils sont débiteurs d'un devoir de conservation en l'état de leur parcelle. L'exposition de ce cas typique conduit à s'interroger sur les justifications et les limites de la détermination légale de la destination.

B. Justifications et limites de la destination légale

En droit de l'urbanisme, l'affectation ne peut être réglementée que dans certaines limites. La jurisprudence a reconnu qu'un PLU ne pouvait pas interdire absolument le

---

[148] Justification de l'atteinte au droit de propriété (refus de transmettre la QPC) : CE, 17 février 2011, Lebon T. 1086. AJDA 2011.375, JCP A 2011. 2313.

lotissement[149] ou encore que la loi SRU ne pouvait pas soumettre à autorisation les changements d'affectation des locaux à usage commercial ou artisanal (les dispositions ont été déclarées inconstitutionnelles car elles portaient une atteinte disproportionnée au droit de propriété au regard de l'objectif poursuivi[150]).

Le contrôle de la destination des immeubles se justifie par l'impératif de la vie en collectivité. L'intérêt général enjoint de contrôler l'organisation de l'espace public pour permettre une répartition équilibrée des constructions, des hommes et des activités. L'enjeu du territoire est mis en évidence à l'article 110 du Code de l'urbanisme : « Le territoire français est le patrimoine commun de la nation ». L'article vise tous les objectifs que doit poursuivre le droit de l'urbanisme. La gestion de l'espace renvoie ainsi à de nombreux intérêts publics qui vont en s'accroissant avec la conscience environnementale.

La conclusion de ce développement – dont les données ne concernent pas directement notre sujet - est que les biens publics à eux seuls ne peuvent satisfaire à la réalisation des nombreux impératifs d'intérêt général : « les biens privés peuvent permettre la réalisation de valeurs sociales collectives estimées comme essentielles par le législateur. Aussi, le choix de la destination d'une chose n'est-il pas laissé à l'entière discrétion de son propriétaire mais est conditionné par les objectifs poursuivis par le pouvoir politique[151] ».

---

[149] CE, 27 juillet 2012, *Hoffman*, *Rec. Lebon.*

[150] Cons. const. n° 2000-436 DC, 7 décembre 2000.

[151] BOFFA, *op. cit.* p. 46.

La particularité des mécanismes que nous venons d'exposer est qu'ils se limitent au contrôle de l'espace public auquel les ensembles décoratifs sont étrangers. L'espace privé, qui se définit de manière négative par rapport à l'espace public, semble au contraire constituer une limite à la destination autoritaire de la chose[152].

§2. La destination autoritaire au seuil de l'espace privé

Le droit de l'urbanisme a pour principal objet de régir l'utilisation des sols. De cette définition découle le principe que la règle d'urbanisme ne saurait concerner l'intérieur des constructions. Cependant, la loi ALUR a opéré un revirement en permettant aux maires, lors de l'instruction des permis de construire, de demander que soit produit un plan intérieur du projet de construction. Le droit de l'urbanisme, avec cette disposition (Article L423-3 C. urb.), « rentre dans la maison[153] ».

De manière générale, le contrôle de la destination tend à abolir la distinction entre espace public et espace privé. Cela est particulièrement criant avec la notion de logement décent, par laquelle sont objectivés les critères selon lesquels une habitation satisfait à sa destination première. On ne contrôle plus seulement le choix de la destination mais aussi les modalités de réalisation de cette destination.

---

[152] Une exception existe cependant : les secteurs sauvegardés (aujourd'hui « sites patrimoniaux remarquables »), outil mixte entre la servitude patrimoniale et le document d'urbanisme, permettaient de protéger l'intérieur des immeubles.

[153] Expression de Nicolas Molfessis au sujet du contrôle des personnes plus que des biens. N. MOLFESSIS, « Les lois domestiques », *Rev. Pouvoirs*, 2009, n° 130, p. 81.

A cela s'oppose le principe de l'inviolabilité du domicile et du respect de la vie privée. Les exemples que nous venons de mentionner concernent toujours des immeubles ; jamais des meubles, qui se rapportent au monde de l'intime, du domicile. L'idée sous-jacente est que le meuble n'aurait d'autres fonctions que de servir son propriétaire. Son utilité sociale étant moindre, les mécanismes de destination autoritaire ne s'y appliquent pas. Ils appartiennent à cet espace privé dont le droit ne devrait que peu se saisir. On comprend mieux ainsi les discours du début du XXème siècle qui refusaient que la loi se saisisse des biens meubles culturels sans porter par là une atteinte insupportable au domicile et à la vie privée. Le principe reste que l'on ne peut prescrire l'usage de ce qui n'intéresse que le propriétaire.

On pourrait se demander dans quelle mesure le patrimoine culturel répond à cette dichotomie espace privé / espace public. La protection du patrimoine, ayant pour objectif la transmission des richesses aux générations futures construit un patrimoine d'ordre commun qui transcende la distinction entre l'espace privé et l'espace public ; entre la propriété privée et la propriété publique ; entre le visible et le non visible.

L'intérêt de la notion d'affectation ou de destination ressort ainsi avec toute son évidence. C'est elle qui permet de dépasser la conception des biens selon leur nature et d'établir entre eux un rapport dynamique. Si la décision d'affectation est en principe un pouvoir du propriétaire, elle peut s'externaliser pour répondre à des intérêts publics. Cependant, les biens meubles partie de l'espace privé semblent constituer une limite. Ayant ainsi fait ressortir les intérêts de la notion d'affectation, nous pouvons procéder plus particulièrement à son application à la matière patrimoniale.

Chapitre 2 : L'affectation dans le patrimoine

Si l'affectation paraît être la clé d'un régime de protection des ensembles, il ne semble pas qu'elle soit particulièrement prise en compte par le droit du patrimoine (Section 1). A la recherche de sa place dans ce droit devra succéder un essai de formalisation de la nature des ensembles conçu à partir de la notion d'affectation (Section 2).

Section 1 : État des lieux : affectation et protection du patrimoine

L'affectation n'est pas en tant que telle prise en compte par les mécanismes de protection du patrimoine culturel. Elle n'est pas un principe qui fonde la logique de protection (§1). Cependant, on la retrouve ponctuellement à titre d'outil pour qualifier des régimes particuliers de protection (§2).

§1. L'affectation, principe inconnu de la protection

L'affectation n'occupe pas une place privilégiée dans le droit du patrimoine (A). La question du rapport entre affectation et biens culturels nécessite d'isoler les biens meubles du domaine public sous l'angle de leur rapport à l'affectation (B.).

A. L'affectation dans le droit du patrimoine

L'affectation est absente des axes de la protection du patrimoine qui consistent dans le maintien de l'intégrité et dans le contrôle de l'exportation des biens. L'affectation, c'est-à-dire la détermination de la finalité selon laquelle un bien doit être utilisé, n'est pas présente. Le maintien de l'intégrité matérielle du bien ne fait référence qu'à la nature du bien et non pas à son usage[154]. Le droit du patrimoine n'a pas entendu réglementer l'usage des biens : il ne touche pas au droit de jouissance et de disposition des biens[155]. On peut aussi soutenir que « protéger est, en soi, un but[156] ».

Quel serait l'usage, au sens large, correspondant à l'intérêt culturel d'une chose ? Le bien peut être utilisé à titre personnel (habitation essentiellement), être intégré dans une exploitation commerciale (différentes formes d'hôtellerie) ou encore faire l'objet d'une ouverture au public. Il n'est pas, en soi, de meilleure utilisation d'un bien culturel. Les unes comme les autres ne portent pas atteinte à l'intégrité du bien si des conditions de sécurité et de conservation sont assurées.

On peut se demander à ce titre, dans une logique muséale proprement occidentale, si la meilleure destination de la chose culturelle ne consiste pas dans son accessibilité

---

[154] Malgré l'impact que celle-ci peut avoir : « L'affectation, c'est-à-dire l'usage, est, selon Vitet, un genre de vandalisme lent, insensible, inaperçu, qui ruine et détériore, presque autant qu'une brutale dévastation. C'est pourquoi on ne saurait apporter trop de soin à l'étude des affectations ». R. BRICHET, *Le régime des monuments historiques en France*, Librairie de la Cour de cassation, Paris, 1952, p. 67.

[155] Ce choix peut être présenté comme un choix de raison : « La protection constitue une restriction de fait du droit de propriété. Toutefois le droit de jouissance ne devrait pas être en tant que tel l'objet de restrictions, de même que le droit de posséder ne devrait pas connaître de restriction du fait du statut de protection des biens concernés ». R. PICKARD, Conseil de l'Europe, programme de coopération et d'assistance technique, *Orientations pour le développement de législations et de systèmes de gestion du patrimoine culturel*, Ed. Du Conseil de l'Europe, 2011.

[156] N. BINCTIN, « De nouveaux pas vers l'idée de patrimoine affecté », in *Les modèles propriétaires, Actes du colloque international*, organisé par le CECOJI, L.G.D.J, 2012, p. 221.

au public. Il se trouve que le droit du patrimoine n'a pas voulu assurer cette forme de destination. Aucun mécanisme n'assure directement l'ouverture au public des monuments, là où le droit italien le permet. En France, seuls les mécanismes d'incitation fiscale ont pour critère une ouverture des monuments au public.

Avec les ensembles, la question de la place de l'affectation se pose différemment. On est forcé de penser la restriction à l'usage des biens. Leur protection implique d'empêcher les déplacements et la vente séparée. Le propriétaire d'un ensemble devrait faire un usage déterminé de ses biens qui consisterait en un usage commun et indivisible. Les ensembles ne supposent pas tant de penser la destination au sens large (habitation, ouverture au public, etc.), que le respect du but de la protection qui implique de maintenir le rapport entre les biens.

L'affectation est aussi absente pour qualifier le domaine public mobilier, pour partie composé de biens culturels.

B. La particularité des biens culturels du domaine public

Les biens mobiliers du domaine public ne sont pas, contrairement aux biens du domaine public immobilier, définis à partir de la notion d'affectation[157]. Le Code général des propriétés des personnes publiques retient une définition du domaine public mobilier centré sur l'intérêt propre des biens, notamment culturel. Dans un premier temps, les biens meubles, pour la plupart culturels, ont été définis à partir de la notion d'affectation à l'usage du public ou à un service public. Si Marcel Waline a pu retenir qu'il « n'y a aucune raison d'adopter des critères différents du

[157] Art. L2112-1 CG3P.

domaine mobilier et du domaine public immobilier[158] », d'autres auteurs ont au contraire soutenu l'inadéquation de la notion d'affectation pour définir le domaine public mobilier au titre que les biens sont « eux-mêmes la raison d'être du service public qui les exposera ; ils en sont l'objet principal ou à défaut un bien indispensable (…) l'affectation se fond donc dans la qualité intrinsèque du meuble[159] ». Autrement dit, les biens n'ont d'autre destination que leur intérêt culturel propre. Cela revient cependant à ignorer les conditions d'utilisation de ces biens[160] et à constater qu' « il n'y a pas de régime propre adapté à la spécificité de ces biens[161] ».

Cette position est critiquable dans la mesure où un bien culturel ne se réduit pas seulement à son intérêt propre ; on peut admettre qu'il ne reçoit pas la même destination en fonction qu'il sert à meubler les bureaux des ministères, qu'il est présenté dans un musée ou, pour nous, qu'il forme un ensemble avec d'autres biens.

L'affectation est donc majoritairement absente du droit du patrimoine et est écartée de la définition de la domanialité publique des biens meubles. Elle réapparait cependant à titre d'outil ponctuel pour qualifier certaines institutions du droit du patrimoine.

---

[158] Note WALINE sous CA Nîmes 4 décembre 1944, *op. cit.*

[159] F. HOURQUEBIE, « Domaine public mobilier », *op. cit.*

[160] CE, 29 octobre 2012, *SARL Photo Josse*, *Rec. Lebon* : vient réintroduire la dimension de l'affectation : les activités relatives à des biens culturels meubles (ici des prises de vues) doivent être compatibles avec leur affectation au service public culturel. Réintroduit ainsi l'idée qu'il faut faire un usage de ces biens conforme à leur affectation.

[161] J. SORBARA, « Le domaine public mobilier au regard du Code général des propriétés des personnes publiques », *AJDA*, 2007, p. 621.

§2. L'affectation, outil ponctuel de qualification

Nous analyserons le droit du patrimoine non seulement au regard du code mais aussi au regard des diverses lois et des décrets qui l'ont précédé, codifiés ou non. Quatre types d'affectation peuvent être retenus :

- *Les affectations domaniales*

Le ministre des Beaux-Arts devait, en application du décret du 18 mars 1924[162], être consulté sur l'affectation des immeubles classés appartenant aux collectivités publiques. Il s'agissait ainsi de contrôler la destination donnée aux immeubles classés en raison de leur intérêt culturel.

- *Les affectations cultuelles*

Le droit du patrimoine concerne des biens qui sont par ailleurs affectés au culte. Un bien meuble affecté au culte est par définition attaché à l'édifice cultuel dans lequel il est compris. Le caractère culturel du bien s'y ajoute. C'est au regard de leur intérêt pour le culte que les biens seront utilisés. L'intérêt culturel ne pouvant que restreindre l'affectation cultuelle à partir du moment où elle porte atteinte à l'intégrité du bien. « En cas de conflit entre l'affectation cultuelle, et celle culturelle, c'est toujours la première telle qu'elle est interprétée par le Clergé qui

[162] DÉCRET DU 18 MARS 1924 portant règlement d'administration publique pour l'application de la loi du 31 décembre 1913 sur les monuments historiques, *JO* du 29 mars 2004 ; abrogé par le DÉCRET N° 2007-487 DU 30 MARS 2007, JO du 31 mars 2007. Art. 10 : « Le ministre des Affaires culturelles doit être consulté sur l'affectation des immeubles classés appartenant à l'État, à un département, à une commune, ou à établissement public ».

prime[163] ». C'est ainsi l'affectation cultuelle et non une potentielle affectation culturelle qui interdit de déplacer les objets mobiliers des édifices de culte (article 5 de la Loi du 2 janvier 1907[164]). Un objet de culte qui fait l'objet d'une désaffectation (du point de vue du culte, en application de la loi de 1905[165]) mais qui présente toujours un intérêt culturel au point d'être classé monument historique pourra être déplacé. Ainsi, le seul rapport d'affectation qui lie un bien meuble à un bien immeuble est de nature cultuelle.

- *Les affectations aux Musées de France*

Les Musées de France (label assorti d'obligations) font appel à la notion d'affectation. L'article L442-1 du Code du patrimoine prévoit que lorsque l'appellation Musée de France est attribuée à une personne morale de droit privé à but non lucratif, une clause doit prévoir « l'affectation irrévocable des biens acquis par dons et legs ou avec les concours de l'État ou d'une collectivité territoriale à la présentation au public ». L'affectation sert ici à assurer une continuité et une permanence de l'ouverture au public des collections labellisées Musées de France. Elle sert aussi à limiter la capacité des personnes morales de droit privé à recevoir des libéralités dans la crainte, traditionnelle, de la constitution des biens de mainmorte.

---

163 P-L. FRIER, « Les objets de culte, monuments historiques », in *Le patrimoine culturel religieux, Enjeux juridiques et pratiques cultuelles*, sous la direction de B. BASDEVANT-GAUDEMET, M. CORNU, J. FROMAGEAU, L'Harmattan, 2006, p. 297.

164 LOI DU 2 JANVIER 1907 concernant l'exercice public des cultes, JORF du 3 janvier 1907 p. 34.

165 LOI DU 9 DÉCEMBRE 1905 concernant la séparation de l'Église et de l'État, JORF du 11 décembre 1905 p. 7205.

- *Les affectations du Mobilier national*

Le Mobilier national est un établissement public administratif sous tutelle du ministère de la Culture dont l'activité consiste à meubler les résidences officielles. Les collections du Mobilier national font partie du domaine public. L'article R113-18 du Code du patrimoine prévoit que la mise en dépôt des biens du Mobilier national s'accompagne d'un engagement du destinataire à ne pas modifier l'affectation du dit bien. Le destinataire ne peut choisir l'usage du bien qui est nécessairement un usage à fin d'ameublement, un usage protocolaire (article R113-11). Cela suppose notamment une interdiction de déplacer les biens. Cette technique peut finalement être rapprochée de celle des contrats réels, le dépôt ou le prêt à usage, caractérisés par une obligation de garde de la chose.

Les rares occurrences de l'affectation en tant qu'outil visent à maintenir un bien dans un lieu ou à imposer une certaine utilisation (cultuelle, présentation au public). Le lien entre le bien mobilier et son lieu de conservation est aussi présent à l'article L622-10 du Code du patrimoine. Selon Marie Cornu[166], cet article est le seul qui fasse référence à la notion de conservation *in situ* : les interventions d'office sur un bien protégé appartenant à une collectivité territoriale ou à un établissement public, en cas de péril, peuvent impliquer le déplacement du bien. Le bien doit rester au plus près de son lieu de conservation originel et y revenir prioritairement.

Au regard des éléments généraux que nous avons dégagés sur l'affectation et de sa place en droit du patrimoine, comment formaliser, à partir de cette notion, la nature des ensembles ?

---

[166] M. CORNU, Le droit culturel des biens, *op. cit.*

Section 2 : Essai de formalisation de la nature des ensembles

Pour formaliser la nature des ensembles à partir du rapport d'affectation, nous nous référerons au découpage qui sert à la définition de l'affectation. L'affectation est l'assignation d'un but (§1) et la réalisation de celui-ci par l'utilisation d'une certaine technique (§2). Le choix de la technique, relevant surtout du régime, sera plus amplement étudié dans le second titre de cette partie.

§1. Le but de la protection

Quel est le but de la protection des ensembles ? Vers quoi tend l'affectation ? La protection des ensembles poursuit un objectif d'intérêt général, elle ne vise pas à satisfaire les intérêts du propriétaire. Il convient d'essayer de déterminer cet intérêt général. Il ne s'agit pas, en soi, d'une démarche juridique : l'intérêt général en tant que tel est une donnée juridique, mais son évaluation et sa reconnaissance implique la prise en compte d'une série d'éléments de fait qui rendent d'ailleurs son appréciation particulièrement difficile.

Peut-on considérer qu'il y a un intérêt général à protéger les ensembles ? Il n'est pas simple de l'affirmer dans la mesure où de nombreux désaccords portent sur sa pertinence ou du moins sur les critères qui doivent être retenus. A la subjectivité de l'appréciation de la valeur d'une œuvre se superpose la subjectivité de l'appréciation de l'intérêt qu'il y aurait à protéger une certaine « mémoire décorative ». Plus particulièrement, ce n'est pas tant un intérêt historique ou artistique qui est protégé qu'un intérêt d'ordre ethnologique[167].

[167] J.P. BABELON, A. CHASTEL, La notion de patrimoine, *op. cit.*

L'intérêt de la protection des ensembles suppose-t-il nécessairement leur ouverture au public ? En d'autres termes, doit-on considérer qu'il n'y a pas d'intérêt à les protéger sans en faire profiter la collectivité ? On peut répondre à cela par le paradoxe du droit du patrimoine qui, orienté par le désir de transmettre aux générations futures, ne se préoccupe que peu des générations présentes et de la mise au contact du patrimoine.

§2. La technique de protection

Si on comprend le but que poursuit la protection des ensembles, il faut désormais rechercher par quelle technique l'affectation se manifeste. Le principe de la protection nécessite de créer un rapport durable entre les biens. Ainsi, la technique de l'affectation doit nécessairement consister en une indivisibilité des biens et une immobilisation de ceux-ci dans le lieu où ils se trouvent. L'immobilisation et l'indivisibilité sont la traduction de l'affectation des biens à un intérêt général de protection des ensembles. On comprendra aussi que le but et la technique se confondent largement et que ce n'est que conceptuellement que l'on peut les dissocier. L'ouverture au public, en tant que technique, est accessoire car il n'est pas avéré qu'elle soit nécessaire à la réalisation de l'intérêt général attaché à la protection des ensembles.

Conclusion du Titre I :

La notion d'affectation formalise juridiquement les ensembles. Elle permet de comprendre en droit comment un but peut être assigné à un groupe de biens nécessitant l'indivisibilité et l'immobilisation de ce groupe. Le droit connaît déjà des mécanismes qui permettent d'imposer ce but à un propriétaire privé ; il ne s'agirait pas en soi d'une nouveauté. Le droit du patrimoine n'a cependant pas entendu s'avancer sur la voie de l'affectation. Les biens culturels sont uniquement conçus à partir de leur nature et non pas de leur utilisation. Penser les ensembles nécessite de s'attacher à l'utilisation des biens donc de dépasser les cadres initiaux du droit du patrimoine. Cette utilisation du bien, si elle se comprend par la nature de l'affectation, se manifeste avant tout dans le régime que celle-ci lui impose.

Titre 2 - Le régime des ensembles : les conséquences de l'affectation

Si l'affectation consiste d'abord en la définition d'un but assigné à la chose, elle est particulièrement visible dans le régime qu'elle détermine. A l'étude de la nature succède celle du régime. La propriété affectée est une propriété limitée et particulière car orientée vers un but qu'elle tend à réaliser. De ce point de vue, le régime des ensembles concerne en premier lieu le propriétaire qui ne pourra plus faire un libre usage de sa propriété (Chapitre 1). Il n'est pas le seul que nous puissions adopter : le régime des ensembles peut aussi être analysé du point de vue de l'auteur de la mesure, l'État (la protection du patrimoine étant principalement, si ce n'est exclusivement, une protection nationale[168]) (Chapitre 2).

Chapitre 1er : La protection des ensembles du point de vue du propriétaire

Du point de vue du propriétaire, l'affectation suppose une restriction de son droit. En cela, l'affectation se rapproche de la servitude. S'agissant des ensembles, la détermination du principe de l'atteinte au droit de propriété (Section 1) permettra dans un second temps d'analyser sa réception pratique (Section 2) afin de mesurer éventuellement le décalage entre les deux.

---

[168] P. Le LOUARN, *Le patrimoine culturel et la décentralisation*, actes du colloque des 8 et 9 juin 2009 « patrimoine culturel et collectivités territoriales », Presses universitaires de Rennes, 2011.

Section 1 : Le principe de l'atteinte au droit de propriété

Le régime de protection du patrimoine implique une certaine atteinte au droit de propriété en ce qu'il impose des restrictions. L'arrêt Valette[169] fait état de cette atteinte portée par le classement au droit de propriété. La protection des ensembles viendrait donc s'inscrire dans un système juridique qui se conçoit déjà comme restrictif. Les atteintes au droit de propriété s'analysent le plus souvent en référence aux utilités de celui-ci. Nous appliquerons cette méthode aux ensembles pour comprendre l'atteinte qui serait portée au droit de propriété (§1). Par la suite, il conviendra d'en interroger le caractère exceptionnel (§2).

§1. Les ensembles et les utilités du droit de propriété

Il convient de bien comprendre ce que l'on entend par « droit de propriété » pour mesurer les atteintes qui lui sont portées. De cette recherche ressort l'importance particulière du pouvoir de disposer (A). Nous pouvons ainsi, à l'aune de la définition retenue du droit de propriété, rechercher en quoi la protection patrimoniale porte atteinte au droit de propriété (B).

A. La définition du droit de propriété : de l'importance du droit de disposer

La définition de la propriété porte souvent sur son contenu, sur ses utilités, présentées selon le triptyque usus, fructus, abusus (ou *jus abutendi*, *utendi* et *fruendi*). Les utilités du droit de propriété ne permettent cependant pas de définir la propriété qui ne s'y réduit pas mais s'exprime par elles. D'autres définitions ont été proposées reposant sur les caractères, et non les composantes, du droit de propriété : le

[169] CE, 8 juillet 2009, Valette, *Rec. Lebon*.

droit de propriété serait exclusif, illimité, perpétuel[170]. Autrement, déniant toute définition du droit de propriété par son contenu, le droit de propriété se définirait par l'exclusivité, le droit de disposer, et son caractère absolu[171].
Sur le caractère absolu tout d'abord : il est entendu que le droit de propriété n'est absolu que dans la limite des lois et règlements comme le prévoit le Code civil (art. 544 C. civ.). Ainsi, « la nature même de la propriété lui donne vocation à être limitée[172] ».
Sur le caractère exclusif ensuite : celui-ci rend bien compte que le droit de propriété est un droit qui s'exerce contre autrui et qui défend qu'on y fasse intrusion. Être propriétaire c'est jouir à l'exclusion des autres.
Sur le droit de disposer enfin : il constitue l'élément le plus important de la propriété auquel le code consacre un article (537 C. civ.). Conçu comme une « faculté d'agir juridiquement[173] », le pouvoir de disposer constitue le cœur du droit de propriété. Il incarne le modèle de la propriété fondé sur le commerce juridique. Le Conseil constitutionnel reconnaît le caractère fondamental de la libre disposition[174]. Comment la protection du patrimoine porte t'elle atteinte au droit de propriété ainsi conçu ?

---

[170] L. AYNÈS, P. MALAURIE, *Les biens,* L.G.D.J, 6ème édition, 2015, p. 152 et s.

[171] T. REVET, F. ZENATI, *Les biens*, Presses universitaires de France, Paris, 3ème édition, 2008, p. 314 et s.

[172] REVET, ZENATI, *ibid.* p. 271.

[173] REVET, ZENATI, *ibid.* p. 335.

[174] Cons. const. 27 novembre 1959, D. 1960. 5. note Hamon.

B. Les atteintes au droit de propriété au nom de la protection du patrimoine

Pour mesurer les évolutions et les potentiels bouleversements, il faut tout d'abord rechercher les atteintes qui sont déjà présentes en droit du patrimoine (1) avant de rechercher celles qui seraient impliquées par la protection des ensembles (2).

1. Les atteintes existantes

Actuellement, le droit du patrimoine encadre surtout le droit de disposition matérielle (par opposition au droit de disposition juridique). L'interdiction de détruire le bien[175] est une limitation au droit d'abuser, *l'abusus*, qui est une faculté matérielle de disposition. En découle le mécanisme central de l'autorisation de travaux qui porte une atteinte à la faculté de transformer librement le bien. La réalisation de travaux d'office[176] cherche quant à elle à pallier un défaut d'agissement. La faculté de détruire est entendue de manière large en droit du patrimoine ; la simple dégradation et la moindre restauration sont des potentielles destructions.

La faculté juridique de disposer n'est pas lourdement entravée : le droit de préemption[177] des personnes publiques ne s'attache pas tant à la capacité du bien à être vendu, qu'au droit de la personne à vendre son bien à qui elle l'entend. Enfin, le suivi des ventes et l'obligation de notification ne font qu'encadrer le droit de disposition juridique du bien. Ils ne sont, par ailleurs, que des

[175] Pour les immeubles, art. L621-9 C. patr. ; art. L622-7 C. patr.

[176] Art. L621-12 C. patr.

[177] Art. L123-1 à L 123-6 C. patr.

conséquences du caractère réel de la servitude de classement.

2. Les atteintes qu'implique la protection des ensembles

Une protection des ensembles, impliquant la technique que nous avons précédemment exposée (immobilisation – indivisibilité), serait doublement novatrice dans l'atteinte portée au droit de propriété. Elle porte tout d'abord atteinte au véritable pouvoir de disposition juridique et non plus seulement matériel. En soumettant les aliénations à autorisation, la protection des ensembles dépasserait le seul stade de l'encadrement ou du suivi. D'autre part, une protection des ensembles suppose un contrôle des actes de jouissance, plus précisément du droit d'usage[178] dans le contrôle des déplacements (voire de l'aménagement intérieur !) qui serait soumis lui aussi à autorisation.

L'atteinte aux utilités ne porte pas directement sur le droit de propriété. La limitation peut cependant atteindre un tel degré qu'elle porte atteinte à la substance même du droit de propriété. Il faut interroger ce caractère bouleversant de l'atteinte en ce qu'il semble introduire dans le droit des mécanismes inusuels.

§2. Interrogation du caractère bouleversant de l'atteinte

La protection des ensembles implique une conception de la propriété bien éloignée de l'idéal propriétaire. Plus

---

[178] G. CORNU, *Les biens*, Montchrestien, 13ème édition, 2007, p. 70 : Pour l'auteur, le droit d'usage est une composante, ou une conséquence, du droit de jouissance. Il consiste dans le choix du propriétaire de faire ce qu'il souhaite de sa propriété. Ce droit d'usage, comprend aussi le droit d'aménagement, ce qui fait dire à l'auteur : « On célèbre dans les monuments le nom de leur architecte. Les maisons sont souvent les monuments de leurs propriétaires ».

encore, intellectuellement, elle semble introduire dans le droit des mécanismes que celui-ci cherche en principe à éviter ou qui ne lui sont pas familiers. Il faut cependant questionner ces bouleversements. La protection des ensembles impliquerait-elle une forme d'extra-commercialité ? (A). Si cette position ne peut être valablement tenue, force est de constater que la protection des ensembles fait écho à des catégories juridiques inusuelles (B).

A. Les ensembles : vers une extra-commercialité ?

Au regard de l'atteinte à la libre disposition, protéger les ensembles reviendrait-il à créer des biens hors commerce ? Le Code civil distingue les biens qui peuvent faire l'objet d'un commerce de ceux qui ne le peuvent pas (Art. 1128 C. civ.). Les biens hors commerce ne sont pas seulement inaliénables - l'aliénation ne constituant qu'une espèce de commerce juridique – mais sont insusceptibles de toute activité juridique. La catégorie des biens hors commerce regroupe des biens d'une grande variété : on y trouve le plus souvent les marchandises contrefaites, les choses dangereuses, les souvenirs de famille, etc.

L'aliénabilité d'un bien fait référence à sa capacité à être vendu, à une forme de commercialité parfaite. Certains biens sont inaliénables, les biens hors du commerce le sont, mais aussi les biens du domaine public qui peuvent faire l'objet de diverses activités juridiques mais ne peuvent être aliénés.

Où se situeraient les ensembles, conçus selon un modèle contraignant de protection, dans ces catégories ? Les mécanismes d'autorisation préalable qui ont été proposés dans toutes les tentatives législatives et notamment dans le projet de loi actuel excluent de fait une soustraction des ensembles au commerce juridique. Il ne s'agirait que d'une limitation à la libre disposition des biens. Le mécanisme d'autorisation peut cependant être particulièrement vicieux. L'autorisation pourrait être systématiquement refusée, créant ainsi une inaliénabilité de fait. Pour les ensembles, cette inaliénabilité ne concernerait que les biens pris individuellement et non l'ensemble dans son intégralité qui pourrait toujours être vendu dans la mesure où il n'est pas dispersé.

Les ensembles ne rentrent pas dans les catégories des biens hors commerce ou des biens inaliénables qui sont résiduelles en droit des biens. Ils font cependant référence à des modèles de propriété inusuels.

B. La référence à des modèles propriétaires inusuels

La propriété limitée dans sa disponibilité est combattue par le droit des biens qui cherche au contraire à exalter le mouvement et la circulation. Le droit prohibe ainsi les biens de mainmorte, les substitutions fidéicommissaires ; tout ce qui porte atteinte à la logique de circulation des biens. Par exemple, le régime des souvenirs de famille, « pied de nez au modèle dominant[179] », consiste à conserver au sein d'une famille un certain nombre de biens attachés affectivement au groupe familial. Ces biens seront confiés à la garde d'un membre de la famille, interdiction étant faite de vendre les biens, de les disperser, d'opérer tout type de commerce juridique qui aurait pour conséquence de faire sortir les biens du cercle familial. Pour Frédéric Zenati, les souvenirs de famille sont de véritables biens de mainmorte, l'expression faisant référence aux biens qui appartiennent à des personnes morales dont le patrimoine ne se transmet pas de main en main car celles-ci ne meurent jamais. Les biens

[179] P. ZENATI, « Les choses hors commerce », *RTD Civ.* 1996, p. 420.

de mainmorte contredisent le principe de libre disposition et transmission des biens.

Les substitutions fidéicommissaires, en principe interdites, visent les dévolutions successorales qui ont pour objet d'assurer le maintien de certains biens au sein de la famille. La personne gratifiée dispose des biens à charge pour elle de les transmettre par la suite à une personne désignée. Les fidéicommis ont un certain rapport avec notre sujet : ils étaient, en Italie, le moyen par lequel les grandes familles évitaient la dispersion de leur collection. C'est l'existence de ces mécanismes qui a justifié par la suite, malgré leur suppression, le maintien de leurs effets[180].

Biens hors commerce, substitutions, biens de mainmorte ; les ensembles et la potentialité de leur protection font écho, sans y correspondre totalement, à des institutions exceptionnelles ou inusuelles. Cet environnement explique la difficulté certaine qu'il y a à concevoir leur intégration en droit. Toutefois, malgré l'apparent bouleversement qu'une protection des ensembles implique, il faut rechercher s'il n'y a pas un décalage entre la nature de l'atteinte et sa réception.

Section 2 : La réception de l'atteinte au droit de propriété

Le droit admet de nombreuses limitations au droit de propriété faisant apparaître un décalage entre la fondamentalité revendiquée du droit de propriété et le filtre juridictionnel relativement lâche. Ce décalage entre la nature de l'atteinte et sa réception fait dire à Gérard

---

[180] R. SALEILLES, « La législation italienne relative à la conservation des monuments et objets d'art. Étude de droit comparée », *op. cit.* Surtout : p. 34 et 89.

Cornu que « ces violons chantent pour nos rêves[181] ». Les atteintes au droit de propriété peuvent être analysées à l'aune de la jurisprudence de la Cour européenne des droits de l'homme et du Conseil constitutionnel qui sont les deux instances amenées à protéger le droit de propriété au plus haut niveau. A l'analyse du contrôle de l'atteinte (§1) doit suivre celle de l'indemnisation (§2).

§1. Le contrôle de l'atteinte au droit de propriété

La Cour européenne des droits de l'homme ainsi que le Conseil constitutionnel distinguent classiquement les privations de propriété (A) des simples limitations apportées au droit de propriété (B) ; catégories à l'aune desquelles sera évalué le type d'atteinte au droit de propriété que pourrait impliquer une protection des ensembles décoratifs.

A. L'analyse de la privation de propriété

La privation de propriété consiste en la suppression pure et simple du droit de propriété. La mesure restrictive ne porte pas seulement sur une ou plusieurs utilités du droit de propriété mais sur le droit en lui-même. Ces hypothèses ne se limitent pas aux cas de privation formelle (1) mais peuvent aussi concerner des cas de privation de fait consistant en une dénaturation du droit de propriété (2).

1. La privation formelle

L'article 17 de la Déclaration des droits de l'homme et du citoyen de 1789 dispose que « la propriété étant un droit inviolable et sacré, nul ne peut en être privé, si ce n'est lorsque la nécessité publique, légalement constatée, l'exige évidemment, et sous la condition d'une juste et préalable

[181] G. CORNU, *Les biens*, *op. cit.* p. 62

indemnité ». De même, l'article 1er du protocole additionnel n° 1 à la convention européenne des droits de l'homme prévoit que « toute personne physique ou morale a droit au respect de ses biens. Nul ne peut être privé de sa propriété que pour cause d'utilité publique et dans les conditions prévues par la loi et les principes généraux du droit international ».

Dans leur sens le plus immédiat, ces dispositions visent les opérations formelles de privation de biens, au titre desquelles figure l'expropriation. La caractéristique de la privation réside ainsi dans le transfert de la propriété. Il n'est pas nécessaire de s'attarder sur la privation formelle dans la mesure où une protection des ensembles n'opérerait pas un tel transfert. C'est à la lumière d'une privation de fait du droit de propriété qu'il est possible de l'étudier.

2. La privation de fait ou la dénaturation du droit de propriété

La Cour européenne des droits de l'homme et le Conseil constitutionnel ne se limitent pas aux apparences des mesures restrictives du droit de propriété. En l'absence de transfert, les juges peuvent tout de même conclure à une privation du droit de propriété pour cause, selon les termes du Conseil constitutionnel, d'une « dénaturation du sens et de la portée du droit de propriété », qui aboutirait à « vider de son contenu le droit de propriété[182] ».

La protection contraignante des ensembles décoratifs permet de se poser la question de l'atteinte à « la substance du droit de propriété[183] », pour reprendre cette fois-ci les termes de la Cour européenne des droits de l'homme.

---

[182] Cons. const. n° 85-198 DC, 13 décembre 1985.

[183] CEDH, 23 septembre 1982, Sporrong et Lönnroth, §60.

Comme il l'a été exposé, une telle protection impliquerait une atteinte à la faculté juridique de disposer. Au regard de la valeur constitutionnelle et fondamentale que le Conseil constitutionnel accorde à la libre disposition des biens, et de la consécration qu'en fait le Code civil à l'article 537 devrait-on nécessairement voir dans une protection des ensembles une dénaturation du droit de propriété ? Il nous est permis d'en douter dans la mesure où – parmi les facultés de disposition – seule serait concernée l'aliénation. Or, le pouvoir de disposition ne se limite pas à la faculté d'aliéner.

Dans une décision du Conseil constitutionnel de 1989[184] était critiquée la possibilité pour le ministre de l'Économie de s'opposer à une acquisition d'action en soumettant celle-ci à un contrôle. Les requérants font valoir l'atteinte à la capacité de disposer, élément fondamental du droit de propriété. Le juge retient que le législateur ne procède qu'à une limitation qui « n'a pas un caractère de gravité tel que l'atteinte qui en résulte en dénature le sens et la portée et soit, par suite, contraire à la Constitution ». Selon les observations du professeur F. Zenati, « les atteintes à la faculté de disposer ne sont pas a priori inconstitutionnelles, elles ne le sont que lorsque leur gravité est telle qu'elle dénature ce droit[185] ». Il n'est donc pas possible d'inférer du fait qu'une atteinte est portée à la libre disposition que la mesure de restriction est inconstitutionnelle. Seule une suppression totale du droit de disposer dénaturerait le droit de propriété. On peut voir, à l'instar de P-L. Frier[186], une

[184] Cons. const. n° 89-254 DC, 4 juillet 1989, *RTD civ.*, p. 519, obs. F. Zenati.

[185] Note sous Cons. const. n° 89-254 DC, *ibid.*

[186] P-L. FRIER, « Propriété privée et protection du patrimoine culturel », *AJDA* 1992, p. 405

certaine « hypocrisie » derrière cette position. En effet, les autorisations pourraient n'être jamais accordées, les juges n'en concluront pas pour autant à la privation de fait mais à la simple limitation.

Enfin, il a pu être démontré[187] que les privations de fait du droit de propriété étaient subordonnées à la condition du caractère définitif et contraint de l'atteinte. Le caractère définitif pèche de manière générale en droit du patrimoine[188] dans la mesure où des voies de déclassement sont toujours ouvertes.

Bien qu'une protection des ensembles impliquerait un large bouleversement du droit de propriété, il n'est pas certain que l'on puisse conclure à une privation de fait. En revanche, il est plus certain d'affirmer que l'on se trouverait face à une limitation du droit de propriété.

B. L'analyse de la limitation du droit de propriété

Les limitations du droit de propriété ne touchent pas en tant que telles au droit de propriété, elles lui apportent seulement des restrictions. Cela ne conduit cependant pas à accorder au législateur une marge de manœuvre infinie : les limitations doivent être justifiées par l'intérêt général (1), les moyens mis en œuvre doivent être proportionnés au but poursuivi (2), le tout selon des conditions assurant un certain nombre de garanties de fond et de forme (3).

---

[187] S. PAVAGEAU, « Le droit de propriété dans les jurisprudences suprêmes françaises, européennes et internationales », thèse, Poitiers, 2002, p. 264.

[188] Pour une hypothèse d'irréversibilité : CEDH, 24 juin 1993, Papamichalopoulos, req. n° 14556/89.

1. La limitation justifiée par l'intérêt général

Quoiqu'elles ne remettent pas en cause le droit de propriété, les limitations doivent poursuivre un intérêt général[189]. La limitation du droit de propriété au nom de l'intérêt général est désormais parfaitement intégrée ; le Conseil constitutionnel fait référence à ce titre à une évolution de la fonction de la propriété à l'aune de laquelle doit être lue la Constitution de 1958[190]. Dans le contrôle de l'intérêt général, le juge conventionnel fait référence à la libre appréciation des États, là où le Conseil constitutionnel affirme ne pas se substituer au Parlement. La protection des monuments historiques est reconnue comme un intérêt général justifiant une restriction du droit de propriété par le Conseil constitutionnel[191]. L'intérêt peut être plus précis : ainsi, constitue un intérêt général le fait de rechercher à maintenir les œuvres d'art sur le territoire national[192]. Rien n'empêche de reconnaître comme tel l'impératif de protection des ensembles décoratifs. Il paraît aussi peu probable qu'un tel intérêt soit remis en cause par le juge conventionnel dans la mesure où le Conseil de l'Europe a reconnu et mis en avant cet intérêt dans ses recommandations (v. *supra*). Enfin, il convient d'apporter au débat un élément plus social que juridique : les juges ne peuvent valablement remettre en cause l'intérêt public tiré de la protection patrimoniale au regard de sa valeur sociale face à laquelle ont tendance à céder tous les autres intérêts.

---

[189] Par exemple : Cons. const. n° 2000-434 DC, 20 juillet 2000 ; Cons. const. n° 2010-60 DC, 12 novembre 2010.

[190] Cons. const. n° 89-256 DC, 25 juillet 1989.

[191] Cons. const. n° 2011-207 QPC, 16 décembre 2011 (décision relative aux mesures d'inscriptions)/

[192] Cons. const. n° 2014-226 QPC, 14 novembre 2014.

La phase du contrôle qui pourrait cristalliser le plus de problèmes résiderait plutôt dans la recherche de la proportionnalité des moyens par rapport à l'objectif poursuivi.

2. La proportion des moyens par rapport au but

Dans la recherche de la proportion des moyens mis en œuvre, c'est à dire des techniques, le juge constitutionnel ne va pas encore jusqu'à se substituer au législateur. Ainsi, il recherche surtout l'absence de disproportion plutôt que la preuve de la proportion[193]. Toutefois, le constat de la disproportion implique nécessairement d'avoir envisagé préalablement l'existence d'autres voies moins contraignantes.

S'agissant des ensembles, il ne serait pas évident de conclure à la disproportion dans la mesure où, telle que nous l'avons exposée, la technique de la protection des ensembles se confond avec le but. La recherche du maintien solidaire d'un ensemble passe par la mise en place de techniques d'immobilisation et d'indivisibilité. Il n'est pas, selon nous, de disproportion dans les moyens mis en œuvre. Rentrent aussi dans l'analyse de la proportionnalité les mesures d'indemnisation ou d'incitations fiscales qui accompagnent la disposition restrictive du droit de propriété.

Le bénéfice du doute est toujours possible - dans ce qui n'est qu'une entreprise de projection - au regard de la décision du Conseil constitutionnel sur la loi SRU (loi relative à la solidarité et au renouvellement urbains). Selon

[193] Cons. const. n° 2014-691 DC, 20 mars 2014 (décision sur la loi ALUR, voir consid. 22 à 27, le juge constitutionnel n'estime pas devoir rechercher si l'objectif pouvait être atteint par d'autres voies).

les Professeurs T. Revet et F. Zenati, la décision montre la volonté du Conseil constitutionnel de condamner les mécanismes de limitation de la libre disposition[194]. Le juge constitutionnel a en effet condamné le mécanisme d'autorisation obligatoire pour les changements d'affectation des locaux à usage commercial ou artisanal au regard de sa disproportion par rapport à l'objectif poursuivi (intérêt général attaché à la diversité des quartiers)[195].

Pour finir, le Conseil constitutionnel se concentre tout particulièrement sur les conditions de l'atteinte au droit de propriété.

3. Les conditions de l'atteinte : l'importance des garanties

Le Conseil constitutionnel, en particulier, recherche si l'administration ne dispose pas d'un pouvoir discrétionnaire et si les garanties de fond et de forme sont respectées. Les garanties de fond consistent dans la précision des conditions de mise en œuvre de la mesure (les critères) ; les garanties de forme consistent dans l'information du propriétaire, dans la motivation, et dans le fait que l'administration décide sous le contrôle du juge de l'excès de pouvoir[196]. Le droit du patrimoine respecte bien ces garanties : l'administration décide par arrêté ou par décret pris en Conseil d'État, sous le contrôle du juge de l'excès de pouvoir[197]. Les propositions et projets de loi ont conservé ces modalités.

---

[194] T. REVET, F. ZENATI, *Les biens*, *op. cit*, p. 340.

[195] Cons. const. n° 2000-436 DC, 7 décembre 2000.

[196] Cons. const. n° 85-189 DC, 17 juillet 1985 ; Cons. const. n° 85-198 DC, 13 décembre 1985.

[197] P-L. FRIER, « Patrimoine et propriété privée », *op. cit.*

On observe un décalage entre le caractère bouleversant de la nature de l'atteinte et la réception dont elle pourrait faire l'objet dans la jurisprudence conventionnelle et constitutionnelle. Cela se justifierait par la prégnance de l'intérêt général tiré de la protection du patrimoine et de la subjectivité certaine sur laquelle reposent les mises en balance opérées par les juges. Supposons désormais la protection possible au regard du contexte constitutionnel et conventionnel, le problème concret de l'indemnisation demeure.

§2. La question particulière de l'indemnisation

La projection des effets d'une protection des ensembles du point de vue indemnitaire (B) peut être opérée au regard des principes de l'indemnisation des limitations du droit de propriété (A).

A. Les principes de l'indemnisation des limitations du droit de propriété

Les limitations du droit de propriété ne se font pas obligatoirement moyennant le versement d'une indemnité (1). En revanche les textes relatifs au patrimoine prévoient spontanément de tels mécanismes (2).

1. L'absence d'obligation d'indemnisation

Aucun principe n'impose une indemnisation des simples limitations du droit de propriété contrairement aux privations qui ne peuvent intervenir sans juste et préalable indemnité[198]. En matière d'urbanisme, la règle est celle de

---

[198] Cons. const. n° 83-162 DC, 20 juillet 1983 : L'article 17 « n'implique nullement que les lois ne puissent restreindre l'exercice du droit de propriété sans une indemnisation corrélative » consid. 22.

la non-indemnisation des servitudes[199]. Le paysage juridique connaît donc de nombreuses limitations du droit de propriété qui ne sont pas assorties d'indemnisation. Il ne s'agit pas d'une nouveauté. L'absence d'obligation d'indemnisation n'interdit cependant pas au législateur d'en mettre spontanément en place, ce qu'il fait le plus souvent en droit du patrimoine. Si l'indemnisation n'est pas obligatoire en cas de limitation du droit de propriété, elle rentre dans le contrôle de la proportionnalité des buts à l'objectif poursuivi (*supra*).

2. Les indemnisations volontaires en droit du patrimoine

Le Code du patrimoine prévoit, dans son titre sur les monuments historiques, des indemnisations en cas de classement d'office contre la volonté du propriétaire. Pour les immeubles, une indemnité est due si « les modifications de l'état ou de l'utilisation des lieux » déterminent « un préjudice direct et certain[200] ». Le classement d'office des meubles donne lieu à une « indemnité représentative du préjudice[201] ». En pratique, l'indemnisation pour le classement d'office des immeubles n'a jamais lieu[202]. Au

[199] Article L160-5 du Code de l'urbanisme : pose le principe de la non-indemnisation des servitudes d'urbanisme à l'alinéa 1er ; l'aliéna second prévoit une indemnité en cas « d'atteintes à des droits acquis », ou de « modification de l'état antérieur des lieux déterminant un dommage direct matériel et certain ». CE Sect., 3 juillet 1998, *Bitouzet,* n° 158592, *Rec.Lebon* : admet une possibilité d'indemnisation en cas de charges anormales et spéciales. Ce qui reste pour l'instant virtuel.

[200] L621-6 C. patr.

[201] L622-4 C. patr.

[202] La circulaire d'application de la loi de 1966 du 12 juillet 1968 vise les préjudices suivants : « la suppression ou la réfection d'ouvertures, la démolition de certains ouvrages parasites, ou encore l'interdiction de continuer un type d'exploitation industrielle ou commerciale mettant en péril la conservation de l'immeuble ». Les cas sont donc limités.

contraire, les modalités plus souples retenues pour les meubles ont conduit à des cas d'indemnisation particulièrement importants. On retrouve ici l'idée que l'atteinte portée à la propriété immobilière est moins intrusive que celle qui touche à la propriété mobilière.

L'affaire Walter[203] témoigne des difficultés posées par le régime d'indemnisation des meubles. Était en cause un litige relatif au classement d'office du *Jardin à Auvers* de Van Gogh qui, en application de la loi de 1913, interdisait toute exportation à l'étranger. Le demandeur et propriétaire du tableau a obtenu de la cour d'appel[204] une indemnisation, dont la Cour de cassation n'a pas remis en cause l'évaluation[205] équivalente à la différence entre le prix de vente de l'œuvre sur le marché de l'art français et sa valeur sur le marché de l'art international[206]. Cette décision a dissuadé les classements d'objets mobiliers par crainte du coût financier[207].

---

[203] La Cour de cassation procède à un revirement de sa jurisprudence précédente « *Schlumpff* » : Cass. civ. 1ère, 28 mai 1991. Même demande tendant à faire reconnaître le préjudice né du classement consistant à ne pouvoir vendre l'œuvre sur le marché de l'art international. La cour retient que le dommage subi est incertain dans la mesure où l'autorité administrative aurait pu choisir de refuser simplement l'exportation sans classer les œuvres, ce qui, en l'état du droit, ne pouvait donner lieu à indemnisation. Le préjudice aurait été le même mais n'aurait pu être indemnisé.

[204] CA Paris, 1ère Ch., 6 juillet 1994.

[205] Cass. civ. 1ère, 20 février 1996, n° 94-17029.

[206] Pour une critique de la décision sur le plan juridique et sur celui de l'opportunité : P-L. FRIER, « Indemnisation du propriétaire d'un tableau classé d'office comme monument historique et par conséquent interdit d'exportation », *AJDA* 1996, p. 459.

[207] FRIER, *ibid.*, « Ainsi, classer un monument historique suppose désormais que l'administration paye des indemnités considérables pour… n'être point propriétaire du bien qui pourra rester dans une

B. Essai de transposition aux ensembles

Le projet de loi actuel tire les leçons de la réception de la proposition de Pierre Lequiller (*supra*) : on lui avait opposé que le classement « d'ensembles mixtes », conçu comme un seul immeuble par nature, conduirait à soumettre ces ensembles au régime d'indemnisation des immeubles qui ne prend en considération que certaines ingérences[208]. Cela revenait pour les opposants à la proposition à imposer un régime d'indemnisation inconstitutionnelle. Le Conseil constitutionnel interdit en effet qu'un élément du préjudice soit exclu du droit à réparation[209]. Le préjudice né de l'immobilisation des biens meubles n'aurait pu être assimilé à une modification de l'état antérieur des lieux et n'aurait donc pas pu être indemnisé.

Le projet de loi actuel permet de classer les collections mobilières, éventuellement d'office, et permet d'instaurer une servitude d'immobilisation avec l'accord du propriétaire. L'indemnisation du classement d'office de la collection d'objets mobiliers aurait lieu dans les mêmes conditions que les meubles, y compris pour les conditions indemnitaires, que nous avons analysées comme particulièrement ouvertes.

Le classement n'empêchera plus seulement de vendre les biens sur le marché de l'art international mais aussi sur le

---

collection purement privée, invisible du public, ou même inaccessible aux spécialistes d'histoire de l'art ».

[208] Circulaire du 12 juillet 1968 *op. cit.*

[209] Cons. const. n° 89-256 DC, 25 juillet 1989 : « La prise de possession par l'expropriant doit être subordonnée au versement préalable d'une indemnité ; pour être juste, l'indemnisation doit couvrir l'intégralité du préjudice direct, matériel et certain, causé par l'expropriation ».

marché national. L'impossibilité, sauf autorisation administrative, de vendre une pièce séparée du lot conduit à déprécier la valeur de chacun des éléments de l'ensemble. La vente séparée pièce par pièce aura toujours plus de valeur que la vente de l'ensemble dans son intégrité d'autant plus diminuée par la servitude d'indivisibilité et éventuellement d'immobilisation… Encore faudra-t-il prouver l'intention de vendre pour alléguer d'un préjudice certain. Dans la lignée de l'affaire Walter, l'intention est appréciée de manière souple. En revanche, un requérant ne peut obtenir d'indemnisation pour la perte de chance de réaliser une carrière sur son terrain classé site naturel, dès lors qu'il n'a jamais diligenté de demande d'autorisation[210]. On peut cependant émettre l'hypothèse que dans le cas de la simple aliénation des biens, celle-ci est en quelque sorte inhérente à la propriété. Il est de la substance du droit de propriété que de pouvoir vendre.

L'analyse de la question de l'indemnisation permet de mesurer la faisabilité de la protection. On retient pour l'instant que le coût financier d'un classement d'office d'un ensemble (purement mobilier selon le projet de loi) serait excessif, d'autant plus si on y ajoute la servitude d'immobilisation qui ne peut être introduite qu'avec l'accord du propriétaire et après indemnisation. Cela nous conduit dans un dernier temps à analyser le régime des ensembles non plus du point de vue du propriétaire mais du point de vue de l'auteur de la norme.

---

[210] Cass. civ. 3ème. 10 octobre 1984, *Bull. cass.* N° 164.

Chapitre 2 : La protection des ensembles du point de vue de l'État

La protection du patrimoine est avant tout une mission de l'État, règle à laquelle les tentatives de décentralisation en la matière n'ont pas dérogé. Comment une protection des ensembles viendrait-elle s'insérer dans ces missions ? En quels termes pourrait-on la définir ? (Section 1). La réponse à cette question nous conduira, pour finir à constater le renouvellement du droit du patrimoine qui serait opéré par une telle protection (Section 2).

Section 1 : Les missions de l'État et la protection des ensembles

La protection des ensembles en tant qu'action de l'État mérite dans un premier temps d'être appréhendée selon la grille classique des missions de l'État : police et service public (§1). Cette démarche ayant ses limites, il convient probablement de rechercher une forme de dépassement des classifications (§2) pour répondre à la particularité de la protection des ensembles.

§1. Les missions en termes classiques

Dans le principe, la mission de protection du patrimoine est une mission de police (A). La protection des ensembles ne viendrait-elle pas bouleverser cet état du droit, au profit d'un basculement vers le service public (B) ? Le droit de la culture, plus vaste que le seul droit du patrimoine, a tendance à assimiler la protection du patrimoine à une mission de police et l'action culturelle à une mission de service public.

A. La protection des ensembles au sein des missions de police

Si police il y a, il s'agit bien évidemment d'une mission de police spéciale qui, en raison de l'atteinte qu'elle porte au droit de propriété, nécessite une habilitation législative. En effet, il est de jurisprudence constante que l'esthétique ne fait pas partie de l'ordre public général[211]. La jurisprudence a pu, à l'occasion, qualifier la mission de protection du patrimoine de mission de police[212].

Les mécanismes du droit du patrimoine ont en effet pour objet de réglementer la matière patrimoniale. Il s'agit, le plus souvent sans déposséder, d'assurer l'intégrité des biens et leur maintien sur le territoire. En découle une série d'outils propres à la police : autorisation, contrôle, etc. Contrairement aux missions de service public culturel, aucune prestation n'est fournie et la mise au contact n'est pas assurée[213].

Du point de vue des outils mis en œuvre, une protection des ensembles ne changerait pas réellement la donne. Cependant, on peut se demander si, à partir d'un certain stade d'intrusion dans la propriété, la mission n'en viendrait pas à perdre sa qualité de mesure de police. On peut associer à la police une forme de distance : elle impose les buts sans imposer les moyens. Au contraire, ne doit-on pas considérer qu'une intrusion totale de la puissance publique,

---

[211] Par exemple : CE, 11 mars 1983, *Commune de Bures-sur-Yvette*, *Rec. CE*, p. 104.

[212] CE, 11 mai 2009, *Ville de Toulouse, Rec. Lebon :* avec les conséquences que cela emporte, notamment l'impossibilité de déléguer la mission. En l'espèce il s'agissait d'une mission de fouilles.

[213] K.-H. VOIZARD, *L'État culturel et le droit*, L.G.D.J. 2011, p. 168-181.

passant par une imposante réglementation de l'usage des biens dans un intérêt général, ne constitue plus une mesure de police mais une forme de prise en charge de la mission ? C'est ainsi que l'on peut, tout en mesurant nos propos, rechercher si derrière une protection des ensembles caractérisée par l'affectation, on n'assisterait pas à un basculement de la protection du patrimoine de la police vers le service public. Le basculement serait opéré par le degré de réglementation atteint.

B. La protection des ensembles : une orientation vers le service public ?

Il est possible de concevoir la police et le service public selon une échelle de graduation : « dans celle-ci (la police), l'administration se borne à soumettre des activités privées à un ordre destiné à permettre l'exercice ou à contribuer à la réalisation de certains droits. Dans le service public, l'administration prend en charge (en tout ou partie) ces mêmes activités et satisfait elle-même directement certains droits, parce que le procédé de la police est regardé comme insuffisant à cet effet[214] ».

Dans la logique de la police, le propriétaire reste libre des moyens qu'il souhaite mettre en œuvre dans la limite du cadre imposé : ne pas détruire, ne pas dégrader (pour ce qui est du patrimoine). La police impose le but (la conservation) sans imposer les moyens (l'usage et la disposition restent libres). Au contraire, dans la logique du service public, la personne publique intervient de manière plus poussée et impose des sujétions qui dépassent le seul cadre du maintien d'un ordre culturel. Le service public est caractérisé par une forme de prise en charge traduite par une ingérence plus

---

[214] P. GONOD, F. MELLERAY, P. YOLKA. *Traité de droit administratif, tome II*, Dalloz, 2011, p. 22.

importante. On aurait donc pour idée que l'importance de l'atteinte portée à la propriété privée est proportionnellement égale à l'ingérence de l'administration et à sa prise en charge de la mission.

Le recours au service public peut cependant être critiqué pour plusieurs raisons :
Cela réitère la théorie du « service public virtuel », notamment dégagée dans l'arrêt Société des autobus Antibois[215] qui conduit à penser qu'une activité soumise à une autorisation peut en devenir une activité de service public. La théorie était critiquable en ce qu'elle conduisait à conférer à une personne privée des missions de service public dont elle aurait seule la responsabilité. Il ne faudrait pas voir dans la seule ingérence de la puissance publique une forme de prise en charge de la mission.

Le service public est difficile à tenir en l'absence d'activités proprement dites. La protection des ensembles, telle que nous l'avons conçue, n'est pas tournée vers l'extérieur. Si la jurisprudence reconnaît, à titre de régime d'exception, dans l'affaire Société Le Béton, l'affectation à un service public alors que les installations ne sont qu'à la disposition de personnes privées, il ne serait pas possible d'en faire autant face à un simple usage d'habitation !

Le service public de nature culturelle serait complexe à reconnaître en l'absence de mise au contact du public. Cette troisième objection découle de la seconde. S'il est possible de reconnaître un service public sans usager, le service public proprement culturel s'accommode mal de cette idée. L'existence même du service public culturel est le corollaire

[215] CE Sect., 29 janvier 1932, Société des autobus antibois, *Rec. Lebon*. La théorie du service public virtuel s'applique au domaine public, nous la mentionnons uniquement pour illustrer le rapport entre autorisation et service public. Voir : J.-L. Le Corail, « L'approche fonctionnelle du service public : sa réalité et ses limites », *AJDA* 1997 p. 20.

d'un droit à la culture. Le service public culturel, dont il ne serait pas judicieux d'élargir exagérément le champ[216], se manifeste essentiellement par des manifestations, des prestations.

Le service public est par essence inadapté aux mécanismes de protection du patrimoine qui n'ont pas pour destinataire les générations présentes mais qui sont tournés vers les générations futures.

§2. Le dépassement de la classification des missions

C'est au prix d'une synthèse des insuffisances des raisonnements fondés sur la distinction entre la police et le service public (A) qu'il convient de conclure à la mise en place, par la protection des ensembles, d'un régime à part entière (B).

A. L'insuffisance du raisonnement en termes de police ou de service public

La distinction entre la police et le service public présente certaines insuffisances. Il n'est tout d'abord pas pertinent de retenir comme critère de distinction celui tiré de la différence entre prestation et prescription. La police peut assurer des prestations ; le service public s'accompagne aussi de prescriptions. La distinction fondée sur les buts est elle aussi insuffisante car la police tout comme le service public poursuivent l'intérêt général. Enfin, la distinction n'a plus de sens à partir du moment où l'on peut concevoir un « service public policier[217] ». Il faudrait alors sortir de ce

---

[216] J.-M. PONTIER, « Le service public culturel existe-t-il ? », *AJDA*, 2000, p. 8.

[217] P. GONOD, F. MELLERAY, P. YOLKA. Traité de droit administratif, tome II, *op. cit.*

schéma qui de fait ne répond que peu à notre sujet. Nous privilégierons ainsi l'idée d'un régime à part entière pensé en termes d'échelle et de degrés.

B. Un régime original de protection des ensembles

La protection des ensembles ne pourrait ainsi se comprendre ni sous l'angle de la police, qu'elle dépasse, ni sous l'angle du service public, qu'elle n'atteint pas totalement. Il serait plus sage de concevoir une telle protection comme un régime légal de contrôle des biens orienté vers une fin précise d'intérêt général, au service de laquelle la puissance publique emprunte aux différentes caractéristiques de ses missions. Dans ce contexte, il faudrait voir l'État comme un organe régulateur des richesses culturelles qui contrôle toujours plus, tout en restant systématiquement en retrait. En tant que simple régulateur et arbitre, on ne peut pas considérer que l'État prend en charge la mission.

Une protection des ensembles serait l'expression de l'organisation par la puissance publique d'un nouveau modèle de propriété ; un modèle dans lequel la propriété est conçue comme un levier de la protection du patrimoine. La protection des ensembles s'inscrit ainsi dans une démarche de rénovation de la conception du droit du patrimoine au travers de la propriété.

Section 2 : Le renouveau du droit porté par la protection des ensembles

La protection des ensembles, tant du point de vue de ce qu'elle impose au propriétaire et de ce qu'elle suppose pour l'auteur de la norme, participerait d'un mouvement de renouveau du droit du patrimoine attaché principalement à une nouvelle conception de la propriété (§1). Il convient cependant de questionner la limite de ce renouveau d'une manière beaucoup plus pratique : ce renouveau implique-t-il nécessairement une ouverture au public des ensembles protégés ? (§2).

§1. Une nouvelle conception de la propriété

Une protection des ensembles décoratifs s'inscrirait dans une nouvelle conception du droit de propriété. Le constat de la mutation de la nature du droit de propriété permet d'expliquer les atteintes qui y sont portées ; il permet de comprendre dans quel environnement intellectuel cette protection pourrait s'inscrire. La protection ferait ainsi appel à la théorie des biens communs (A) ou encore à la conception de la propriété selon les modèles d'échelle (B). L'une comme l'autre conduisent à une vision plus nuancée de la propriété et à mesurer l'importance que l'intérêt général de la protection du patrimoine peut revêtir aujourd'hui.

A. La logique des biens communs, une réponse à la protection des ensembles

Le patrimoine culturel s'est toujours prêté à des discours sur la propriété collective. Théodore Reinach faisait ainsi du propriétaire privé un simple dépositaire des richesses culturelles. L'idée de dépasser le carcan absolutiste de la propriété privée est présente dès les premières lois sur le patrimoine. Ce discours – condensé dans la formule de Victor Hugo au sujet des monuments : « son usage appartient à son propriétaire, sa beauté à tout le monde[218] » - justifie l'exceptionnalisme des biens culturels et fonde l'intérêt général de leur protection.

[218] V. HUGO, « Guerre aux démolisseurs », *La revue des deux mondes, op. cit.*

Dans un second temps, la réflexion sur la propriété collective ressurgit au travers du thème des « communs » comme une réaction aux dérives de la mondialisation. Cette réaction à la mondialisation est particulièrement présente face au développement du marché de l'art auquel est imputée en partie la dispersion des ensembles. Le marché de l'art, la pratique des prix, la spéculation et le placement seraient des formes d'appropriation excessives des biens culturels qui ne correspondraient pas à l'intérêt collectif par référence auquel ils devraient être gérés.

La réflexion sur les communs tend enfin à trouver une troisième voie entre propriété privée et propriété publique. Les communs cherchent à construire de nouveaux modèles propriétaires. Judith Rochfeld[219] distingue trois modèles de propriété qui font écho aux communs : les biens qui ne peuvent faire l'objet d'aucune appropriation (les communautés négatives) ; les biens qui sont appropriés par des groupes (l'Humanité, l'Union européenne, la Nation, etc.) ; et enfin les biens qui, quoiqu'appropriés individuellement, sont gérés dans l'intérêt du collectif (ce que François Ost[220] appelle « transpropriation »). Au regard de l'exceptionnalisme des premiers (qui concernent surtout des ressources illimitées), de l'impossible concrétisation des seconds (qui se limitent souvent à des incantations plus qu'à des modes de gouvernance concrets), le patrimoine culturel se rattache de toute évidence au troisième modèle. La propriété culturelle est par essence imprégnée du collectif, elle fait l'objet d'une « appropriation commune fictive[221] » qui ne remet pas en cause le principe de la propriété privée.

---

[219] J. ROCHFELD, « Quels modèles juridiques pour accueillir les communs en droit français ? », *in Le retour des communs, la crise de l'idéologie propriétaire*, Ed. Les liens qui libèrent, 2015, p. 87.

[220] F. OST, *La nature hors la loi*, Paris, La Découverte, 2003.

[221] K.-H VOIZARD, *L'État culturel et le droit*, *op. cit.* p. 178.

En quoi la protection des ensembles pourrait s'insérer dans cette réflexion ? Tout d'abord, elle en approfondirait le mouvement vers une acceptation plus importante des limitations de la propriété dans l'intérêt général. La protection des ensembles consisterait en la mise au jour d'un nouvel intérêt général. Cependant, dans le cadre de la réflexion sur les communs, les ensembles occupent une place particulière : comme le souligne le Conseil de l'Europe dans sa recommandation pour la protection des ensembles[222], il s'agit de transmettre aux générations futures une « mémoire européenne ». La protection des ensembles ne viserait plus seulement à constituer un patrimoine commun par accumulation – une accumulation de biens qu'il faudrait transmettre aux générations futures – mais à protéger une véritable mémoire visuelle et décorative qui témoigne d'une histoire commune. La dimension ethnologique qui est présente dans les ensembles est ainsi tout à fait nouvelle.

Plus concrètement, car les communs constituent surtout un modèle intellectuel explicatif, on peut concevoir le régime de propriété appliqué aux ensembles selon le modèle des échelles de la propriété.

B. La propriété en termes d'échelle au travers de la protection des ensembles

On peut conclure, via cette idée de la protection des ensembles, à une dilution des régimes propriétaires sous l'effet de la croissance de l'intérêt général de protection du patrimoine. Ce mouvement ne serait pas totalement nouveau : on constate déjà, dans le domaine du patrimoine particulièrement, une forme de « banalisation de la

---

[222] CONSEIL DE L'EUROPE, Recommandation N° R (98) 4, *op. cit.*

domanialité publique[223] ». Ce régime exorbitant ne serait plus spécifique aux biens des personnes publiques mais aurait vocation à s'appliquer à tous les biens fortement imprégnés de l'intérêt général. L'exemple présent qui peut être donné est celui du régime des collections des Musées de France auquel la loi a donné une coloration de domanialité publique[224]. Penser les propriétés selon ces phénomènes de dilution permet de mieux comprendre de nouvelles atteintes grevant la propriété. Cela met toujours plus en lumière l'existence de biens privés affectés à une certaine utilité publique[225].

Il ne faudrait plus dès lors raisonner en termes de type de propriété mais en termes d'intérêt que présentent les biens. Une notion fonctionnelle de la propriété aurait ainsi vocation à s'affirmer. Les théories de l'échelle de la domanialité, inaugurées par Duguit et continuées par la suite[226], vont dans ce sens. Elles conduisent à sortir de l'opposition entre propriété publique et propriété privée, entre domaine public et domaine privé.

---

[223] P. YOLKA, « Les meubles de l'administration », *op. cit.* L'auteur développe le phénomène de « banalisation » et de « dilution » de la domanialité publique : « Si l'on veut chercher une origine domaniale à certaines règles, l'exemple des meubles culturels ou artistiques mérite d'être cité (…) Il est loisible de voir dans cette évolution la marque d'une inflexion fonctionnelle (d'une protection organique à un régime calqué sur l'affectation des biens) et la trace des thèses jadis soutenues par René Capitant ».

[224] Loi n° 2002-5 du 4 janvier 2002 relative aux musées de France, JORF du 5 janvier 2002 p. 305 : organise l'insaisissabilité des biens des musées de France appartenant à des personnes morales de droit privé, et organise leur cessibilité.

[225] C. LOGÉAT, « Les biens privés affectés à l'utilité publique », *op. cit.*

[226] F. MELLERAY, « L'échelle de la domanialité publique », *Mélange Franck Moderne*, Dalloz, 2004, p. 287

On se retrouverait alors à invoquer ce que René Capitant ou Raymond Saleilles faisaient valoir dans leur théorie de l'affectation. Chez Saleilles[227], la volonté de ne pas faire d'emblée de distinction selon la nature du propriétaire est très présente ; ce qui compte avant tout est *l'usus publicus*, c'est-à-dire l'affectation à l'usage du public qui peut tout autant concerner la propriété privée que la propriété publique, la différence tenant seulement à une question de degrés. Il en va de même chez Capitant[228] : l'auteur met en avant une conception fonctionnelle de la propriété fondée sur l'affectation.

Ayant exposé cet élément généraliste de renouveau de la propriété qui explique en grande partie les orientations de la philosophie du patrimoine, il nous faut en mesurer les limites au regard d'un élément concret dont nous ne savons pas bien s'il fait partie intégrante ou non de la question de la protection des ensembles : il s'agit de l'ouverture au public.

§2. La question de l'ouverture au public : composante ou limite de la protection des ensembles ?

L'organisation de l'accessibilité n'est pas prise en compte par le droit du patrimoine et ne semble pas avoir été une priorité lors des tentatives législatives de concrétisation des ensembles. On serait tenté d'y voir une sorte de limite au renouveau de la propriété. Il faudrait avant tout conserver le caractère exclusif du droit de propriété au risque d'aboutir à une réelle dépossession.

---

[227] R. SALLEILES, « Le domaine public à Rome et son application en matière artistique (1ère partie) », *Nouvelle revue historique de droit français et étranger*, 12ème année, 1888, p. 497-555.

[228] Note sous CE, 17 février 1932, *op. cit.*

Peut-on considérer que l'ouverture au public est un élément essentiel voire consubstantiel à une protection des ensembles ? L'accessibilité est-elle une question connexe ou accessoire à celle de la protection des ensembles ? En d'autres termes, une protection des ensembles a-t-elle du sens indépendamment de la mise au contact du public ?

Du point de vue juridique, l'ouverture au public constitue une servitude supplémentaire qui rendrait inacceptable la limitation du droit de propriété. Si on doit considérer la protection des ensembles comme complète uniquement lorsqu'elle permet l'ouverture au public cela ne pourrait plus être du ressort de la propriété privée. Il faudrait donc poser certaines limites au raisonnement de la « propriété échelle », de la dilution de la domanialité publique, qui ne pourrait pas tout expliquer. La protection des ensembles avec ouverture du public doit fonctionner selon la logique muséale ; être organisée par une personne publique (le cas échéant après expropriation) ou être spontanément mise en place par une personne privée souhaitant créer un musée privé. Cette charge de service public ne pourrait de fait être autoritairement imposée à la propriété privée par la puissance publique. Une protection des ensembles devrait se limiter ainsi à « leur valeur d'existence[229] », leur « valeur d'usage » devant faire l'objet d'une politique distincte.

Conclusion du Titre II :

L'analyse de la protection des ensembles du point de vue des acteurs – le propriétaire destinataire de la norme, l'État auteur de la norme – permet de saisir le lien entre l'importance de l'atteinte portée à la propriété privée et la

[229] M. CORNU, « Propriété et patrimoine, entre le propre et le commun », *op. cit.*

transformation proportionnelle des missions de l'État. La tentative de formalisation d'un droit des ensembles peut ainsi se comprendre selon ces deux grandes tendances. Il ne s'agit pas seulement d'une question proprement patrimoniale, il s'agit de savoir quelles sont les limites de l'atteinte au droit de propriété et, proportionnellement, les limites de l'interventionnisme et du contrôle de l'État.

Conclusion générale

Les ensembles décoratifs se laissent aisément saisir en termes juridiques même s'ils agitent et perturbent les qualifications et habitudes du droit. Le mythe qui les entoure n'a pas lieu d'être dans la mesure où le droit nous fournit les éléments pour les comprendre notamment au travers de la notion d'affectation.

Leur introduction dans le droit positif n'ira pas sans bouleversement. La crainte principale est que le coût financier induit par une telle protection dissuade toute initiative. Si tel est le cas, on passerait ainsi du bouleversement à l'inertie.

C'est au regard de la position des acteurs qu'il nous a été permis d'insérer la problématique des ensembles décoratifs dans des raisonnements plus larges relatifs à l'atteinte au droit de propriété et au rôle de l'État. Ce ne sera qu'au prix d'une refonte des modèles d'action de l'État et de la conception de la propriété qu'une protection complète des ensembles pourra être intégrée. A défaut, celle-ci ne restera qu'un vague idéal.

Il faudrait ainsi s'engager dans une réflexion relative au rôle de la propriété dans la protection du patrimoine : dans une société où la valeur sociale du patrimoine est nettement acquise, ne devrait-on pas construire un modèle dans lequel la protection du patrimoine serait une mission, une activité à part entière des personnes privées ? Cela conduirait à inverser le raisonnement et à remettre en cause nos postulats de départ (à savoir que la protection des ensembles ne peut résulter que de la contrainte) en considérant que la protection doit venir de la propriété et non plus être imposée par l'État.

Il faudrait pour cela remettre en cause de nombreux fondements de l’ordre social pour construire une nouvelle méthode de protection du patrimoine.

Bibliographie

Dictionnaires

CORNU G., *Vocabulaire juridique*, Association Henri Capitant, 11ème édition, Presses universitaires de France

Textes officiels

COURCEILLE-SENEUIL J-G., Rapport sur le projet de loi pour la conservation des monuments ou des objets ayant un intérêt historique ou artistique, Annexe au n° 364, séance des sections réunies du Conseil d'État, distribution du 28 février 1881

LOI DU 30 MARS 1887 relative à la conservation des monuments et objets d'art ayant un intérêt historique et artistique, Journal officiel du 31 mars 1887

LOI DU 9 DÉCEMBRE 1905 concernant la séparation de l'Église et de l'État, JORF du 11 décembre 1905 p. 7205

LOI DU 2 JANVIER 1907 concernant l'exercice public des cultes, JORF du 3 janvier 1907 p. 34

Proposition de loi sur la protection du patrimoine national artistique, historique et archéologique de la France, présentée à la Chambre des députés en première lecture par M. RIDOUARD, député, le 26 novembre 1907

REINACH T., Journal officiel, Documents parlementaires, Chambre des députés, 2ème séance du 14 juin 1912, annexe n° 1999, p. 1344-1345

LOI DU 31 DÉCEMBRE 1913 sur les monuments historiques, JORF du 4 janvier 1914, p. 129

LOI DU 31 DÉCEMBRE 1921 portant fixation du budget général, article 33 à 39 et 118 à 120, JORF du 1er janvier 1922

DÉCRET DU 18 MARS 1924 portant règlement d'administration publique pour l'application de la loi du 31 décembre 1913 sur les monuments historiques, JO du 29 mars 2004 ; abrogé par le DÉCRET N° 2007-487 DU 30 MARS 2007, JO du 31 mars 2007

LOI DU 23 JUILLET 1927 portant modification de la loi du 31 décembre 1913, JORF du 26 juillet 1927 p. 7722

LOI N° 2595 DU 23 JUIN 1941 relative à l'exportation des œuvres d'art, JO n° 1345 p. 359

CIRCULAIRE DU 17 JUILLET 1987 relative à l'amélioration des procédures de protection au titre des monuments historiques concernant les objets mobiliers et immeubles par destination, *Législation et règlement, Protection du patrimoine historique et esthétique de la France*, Edition du Journal officiel, 1997, p. 507

LOI N° 88-12 DU 5 JANVIER 1988 relative au patrimoine monumental, JORF du 6 janvier 1988 p. 207

LOI N° 92-1477 DU 31 DÉCEMBRE 1992 relative aux produits soumis à certaines restrictions de circulation et à la complémentarité entre les services de police, gendarmerie et de douane, dispositions relatives aux biens culturels, JO 5 janvier 1993, p. 198

LOI N° 94-679 DU 8 AOÛT 1994 portant diverses dispositions d'ordre économique et financier, JORF du 10 août 1994 p. 11668

CONSEIL DE L'EUROPE, « Recommandation n° R (98) 4 du Comité des ministres aux États membres, relative aux mesures susceptibles de favoriser la conservation intégrée des ensembles historiques composés de biens meubles et de biens immeubles », 17 mars 1998, 623ème réunion des délégués des ministres

Proposition de loi relative à la protection du patrimoine, n° 246, présentée (not.) par M. LEQUILLER, député, 2000-2001

Proposition de loi tendant à renforcer la protection des biens mobiliers dont la conservation présente un intérêt historique ou artistique, n° 105, présentée (not.) par M. LAFITTE, sénateur, 2000-2001

LOI N° 2002-5 DU 4 JANVIER 2002 relative aux musées de France, JORF du 5 janvier 2002 p. 305

CORNU M., NEGRI V., *Code du patrimoine* (*et autres textes relatifs aux biens culturels*), LexisNexis, 2012

Avis du Conseil d'État sur le projet de loi relatif à la liberté de la création, à l'architecture et au patrimoine, N° 390.121, 2 juillet 2015

Projet de loi relatif à la liberté de la création, à l'architecture et au patrimoine, n° 591, 2015-2016

MELLERAY F., HOURQUEBIE F., REMI G., *Code général de la propriété des personnes publiques*, Dalloz, 5ème éd. 2015

VENANDET G., ANCEL P., HENRY X., TISSERAND A., WIEDERKEHR G., GUIOMARD P., Code civil, Dalloz, 115ème éd, 2016

Ouvrages juridiques

AUBY J.-M., BON P., AUBY J.-B., TERNEYRE P., *Droit administratif des biens*, Dalloz, 6ème édition, 2011

AYNÈS L., MALAURIE P., *Les biens,* L.G.D.J, 6ème édition, 2015

AUDRERIE D., PRIEUR M., *Les monuments historiques, un nouvel enjeu ?* Actes du colloque organisé par l'Université de Limoges et de Bordeaux IV, Volume I, L'Harmattan, 2004

AUDRERIE D., PRIEUR M., *Les monuments historiques, un nouvel enjeu ?* Actes du colloque organisé par l'Université de Limoges et de Bordeaux IV, 29 et 30 octobre 2003, Volume II, L'Harmattan, 2004.

BERGEL J-L., BRUSCHI M., CIMAMONTI S., *Traité de droit civil. Les biens*, Dalloz, 2010

BRICHET R., *Le régime des monuments historiques en France*, Librairie de la Cour de cassation, Paris. 1952

CARBONNIER J., *Droit civil Les biens,* Presses universitaires de France, 2004

CHRISTIAN J., *Droit civil. Les successions, Les libéralités*, Montchrestien, 2ème édition, 2010

CORIAT B., sous la direction de., *Le retour des communs, la crise de l'idéologie propriétaire*, Ed. Les liens qui libèrent, 2015

CORNU M., LUCAS H-J., *Les modèles propriétaires, Actes du colloque international*, organisé par le CECOJI, L.G.D.J, 2012

CORNU G., *Droit civil, Les biens*, Montchrestien, 13e édition, 2007

CORNU M., NÉGRI V., BADY J-P., LENIAUD J-M., *1913 : Genèse d'une loi sur les monuments historiques*, La Documentation française, 2013

CORNU M., MALLET-POUJOL N., *Droit, œuvres d'art et musées*, Paris, CNRS, 2006

CORNU M., MUEZGHANI N., MICHALLET I., *Intérêt culturel et mondialisation, Tome 1. Les protections nationales*, L'Harmattan, 2004

DUGUIT L., Les transformations générales du droit privé depuis le Code Napoléon, Paris, F. Alcan, 1912 p. 147

DURET-ROBERT F., *Droit du marché de l'art,* Dalloz, 6ème édition, 2015

FOULQUIER, N. *Droit administratif des biens*, LexisNexis, 2015

FRIER P.-L., *Droit du patrimoine culturel*, PUF, 1997

GAUDEMET Y., *Traité de droit administratif. Tome 2. Droit administratif des biens*, L.G.D.J, 13ème édition, 2007

GONOD P., MELLERAY F., YOLKA, P., sous la direction de, *Traité de droit administratif*, 2 tomes, Dalloz, 2011

JEGOUZO Y., *Droit du patrimoine culturel immobilier*, Economica, 1986

LE LOUARN P., *Le patrimoine culturel et la décentralisation* : actes du colloque de Nantes des 8 et 9 juin 2009 « Patrimoine culturel et collectivités territoriales », Presses universitaires de Rennes, 2011

MORAND-DEVILLER J., *Droit administratif des biens*, L.G.D.J-Lextenso, 2014

PICKARD R., Conseil de l'Europe, programme de coopération et d'assistance technique, *Orientations pour le développement de législations et de systèmes de gestion du patrimoine culturel*, Ed. Du Conseil de l'Europe, 2011

PLANIOL M., RIPERT G., *Traité pratique de droit civil, Tome III Les biens*, Librairie générale de droit et de jurisprudence, 1926

PONTIER J.-M., *Droit de la culture*, Dalloz, 2ème édition, 1996

REVET T., ZENATI F., *Les Biens*, Presses universitaires de France, 3ème édition, 2008

TOUZEAU-MOUFLARD L., VERJAT A., *La protection des monuments historiques : patrimoine immobilier*, Juris édition Dalloz, 2015.

Thèses

BARBIERI J.-F., « Perpétuité et perpétuation dans la théorie des droits réels », thèse, Toulouse, 1977

BOFFA R., « La destination de la chose », thèse, Montpellier, 2004

CALARY DE LAMAZIÈRE R., « L'immobilisation par destination et la jurisprudence récente », thèse, Paris, 1946

CORNU M., *Le droit culturel des biens : l'intérêt culturel juridiquement protégé*, Bruylant, Bruxelles, 1996

CROS-MAYREVIEILLE F., *De la protection des monuments historiques ou artistiques, des sites et des paysages*, thèse, Paris, 1907, Librairie de la Société du recueil Sirey et du journal du palais, 1907

DURUPTY M., « L'État et les beaux-arts », thèse, Bordeaux, 1964

ESTÈVE J., *L'art et la propriété - la protection des monuments historiques et des sites, l'embellissement des villes*, thèse, Nancy, 1924, Paris, Librairie de la Société du recueil Sirey, 1925

GUINCHARD S., « L'affectation en droit privé », thèse, Lyon, 1974

GULPHE P., « L'immobilisation par destination », thèse, Paris, 1946

LOGÉAT C., « Les biens privés affectés à l'utilité publique », Thèse, Rennes, 2009

METMAN J., « La législation française relative à la protection des monuments historiques et des objets d'art », thèse, Dijon, 1911

PARISET E., *Les monuments historiques*, thèse, Lyon, 1891, Librairie nouvelle de droit et de jurisprudence, Arthur Rousseau, 1891

PAVAGEAU S., « Le droit de propriété dans les jurisprudences suprêmes françaises, européennes et internationales », thèse, Poitiers, 2002

POLI J.-F., *La protection des biens culturels meubles*, thèse, Aix-en-Provence, 1992, LGDJ, 1996

SECHIER-DECHEVRENS J., « Essai sur la notion d'immobilisation par destination », thèse, Lyon, 2005

VOIZARD K.-H., *L'État culturel et le droit*, L.G.D.J. 2011

Articles

BARBIÉRI J.-F., « Les souvenirs de famille : mythe ou réalité juridique ? », *JCP*. 1984. I. 3156

BASTIEN H., « A quoi sert le domaine public mobilier ? L'exemple des biens culturels », *AJDA* 1993, p. 675

BURET D., « Loi du 16 février 1912 relative à la conservation des monuments et objets ayant un intérêt historique ou artistique », *Annuaire de législation française publié par la Société de législation comparée*, 1913, p. 62-64.

BURET D., « Loi du 19 juillet 1909 complétant la loi du 30 mars 1887 sur la conservation des monuments historiques et des objets d'art », *Annuaire de législation française publié par la Société de législation comparée*, 1910, p. 123-124.

CHALLAMEL J., « Loi du 30 mars 1887 sur la conservation des monuments historiques et des objets d'art » *Annuaire de législation française publié par la Société de législation comparée*, 1888, p. 52-86.

CHARPENTIER S., « Un regard contemporain sur une disposition ancienne : les meubles meublants », *Gaz. Pal* 26 septembre 1968, Doctr. p. 1201

CHEVAL C., HANNECART-WEYTH W., DES MOUTIS D., ROBERT N., « Fiscalité des monuments historiques, bénéficiaires privilégiés ou entrepreneurs méconnus du patrimoine ? », *Lamy fiscal*, 2014, n° 6579

CONDAMY L., « Le mythe d'Isis et d'Osiris ou la notion d'attache à perpétuelle demeure », *Petites affiches*, 10 juin 1994 n° 69

CORNU M., « A propos de l'adoption du Code du patrimoine, quelques réflexions sur les notions partagées », *D.* 2005, p. 1452

CORNU M., « L'espérance d'intangibilité dans la vie des œuvres », *RTD civ.*, 2000, p. 697

CORNU M., « Propriété et patrimoine, entre le propre et le commun », *Pour un droit économique de l'environnement, Mélanges en l'honneur de Gilles J. Martin*, ED. Frison-Roche, 2013, pp.145-161

DE VISSCHER F., « Du jus abutendi », *Revue trimestrielle de droit civil,* vol. 12, 1913, p. 337-350.

DREYFUS J.-D., « La respiration des collections publiques », *AJDA*, 2008 p. 680

DUCROCQ T., *La loi du 30 mars 1887 et les décrets du 3 janvier 1889 sur la conservation des monuments historiques et objets mobiliers présentant un intérêt national du point de vue de l'histoire ou de l'art*, Paris, A. Picard, 1889

EYGOUT H., « La protection des objets mobiliers d'art et d'histoire », *Revue de droit public et de la science politique en France et à l'étranger*, 1922, p. 460–493

FRIER P.-L., « Indemnisation du propriétaire d'un tableau classé d'office comme monument historique et par conséquent interdit d'exportation », *AJDA* 1996 p. 459

FRIER P.-L., « L'exportation des biens culturels, commentaire de la loi du 31 décembre 1992 et du décret du 20 janvier 1993 », *AJDA* 1993, p. 264

FRIER P-L., « Propriété privée et protection du patrimoine culturel », *AJDA* 1992, p. 405

GARNIER F., « Patrimoine culturel et QPC », *AJDA* 2012, p. 1170

HALLAYS A., « D'une législation à faire en France pour la protection des monuments artistiques et des oeuvres d'art », *Journal du droit international privé*, XXX, 1913, p. 752–760

HÉRON DE VILLEFOSSE E., « Loi du 31 décembre 1913 sur les monuments historiques » *Annuaire de législation française publiée par la Société de législation comparée*, 1914, p. 219–236

HEYMAN A., « La protection du patrimoine historique, développement et rôle du droit », *Revue de droit public et de la science politique en France et à l'étranger,* 1983, p. 169

HOURQUEBIE F., « Domaine public mobilier », *RDP* 2005, p. 635

LAUBADÈRE A., « Domanialité publique, propriété administrative et affectation », *Revue de droit public et de la science politique en France et à l'étranger*, 1950, p. 5

LAVIALLE C., « Décentralisation et domanialité », *RFDA*, 1996, p. 953

LAVIALLE C., « La condition et la fonction des meubles en droit administratif des biens », *RFDA* 2013, p. 251

LE CORAIL J.-L., « L'approche fonctionnelle du service public : sa réalité et ses limites », *AJDA* 1997 p. 20

LENIAUD J.-M., « Heurs et malheurs des propriétaires privés », *RDA*, 1996, p. 179

LEREBOURS-PIGEONNIÈRE P., JULLIOT DE LA MORANDIÈRE L., « Protection du patrimoine artistique », *Revue trimestrielle de droit civil*, vol. 7, 1908, p. 404-406

LEREBOURS-PIGEONNIÈRE P., JULLIOT DE LA MORANDIÈRE L., « Protection du patrimoine artistique », *Revue trimestrielle de droit civil*, vol. 8, 1909, p. 949-951

LUCARELLI A., J. MORAND-DEVILLER J., « Biens communs et fonction sociale de la propriété : le rôle des collectivités locales », *Petites affiches*, 04 juin 2014 n° 111, p. 14

MELLERAY F., « L'échelle de la domanialité publique », *Mélange Franck Moderne,* Dalloz, 2004, p. 287

MELLERAY F., « Les critères d'identification du domaine public », *Revue française de droit administratif,* 2006, p. 907

MOLFESSIS N., « Les lois domestiques », *Rev. Pouvoirs*, 2009, n° 130, p. 81

MORAND-DEVILLER J., « Domaine public, affectation, et copropriété », *RDI*, 1995, p. 457

MORAND-DEVILLER J., « Esthétique et patrimoine », *AJDA*, 1993 p. 89

MORAND-DEVILLER J., « Patrimoine architectural et urbain », *Jurisclasseur Construction et urbanisme*, fasc. 35

PLANCHET P., « Le contentieux des monuments historiques », *AJDA* 2013, p. 2085

PONTIER J.-M., « Le service public culturel existe-t-il ? », *AJDA*, 2000, p. 8

ROLLAND L., « La nouvelle législation relative aux monuments historiques » *Revue de droit public et de la science politique en France et à l'étranger*, 1914, p. 664–680

ROLLAND L., « La protection et la conservation des édifices et monuments d'intérêt historique ou artistique et des monuments publics », *Revue de droit public et de la science politique en France et à l'étranger,* 1913, p. 128–149

SALEILLES R., « Compte-rendu critique de : Th. Ducrocp, « la loi du 30 mars 1887 et les décrets du 3 janvier 1889 sur la conservation des monuments historiques et des objets mobiliers présentant un intérêt national au point de vue de l'histoire ou de l'art » », *Nouvelle revue historique de droit français et étranger*, 13e année, 1889, 445-453

SALEILLES R., « La législation italienne relative à la conservation des monuments et objets d'art. Étude de droit comparée », *Revue bourguignonne de l'enseignement supérieur*, t. V, n° 1, 1895, p. 1-98

SALEILLES R., « La loi du 30 mars 1887 relative à la conservation des monuments historiques et des objets mobiliers ayant un intérêt historique et artistique », *Revue bourguignonne de l'enseignement supérieur*, t. I, n° 3, 1891, p. 635-738

SALEILLES R., « Le domaine public à Rome et son application en matière artistique (1ère partie) », *Nouvelle revue historique de droit français et étranger*, 12e année, 1888, p. 497-555

SALEILLES R., « Le domaine public à Rome et son application en matière artistique (2ème partie) », *Nouvelle revue historique de droit français et étranger*, 13e année, 1889, p. 457-514

SAUJOT C., « La loi du 18 mai 2010 rend-elle enfin possible une certaine respiration des collections muséales ? », *JCP A*, n° 27, 2222

SIORAT L., « la notion d'affectation en matière domaniale », *Revue de droit public et de la science politique en France et à l'étranger*, 1958, p. 866

SORBARA J., « Le domaine public mobilier au regard du Code général des propriétés des personnes publiques », *AJDA* 2007, p. 621

YOLKA P., « Les meubles de l'administration », AJDA 2007, p. 964

ZENATI F., « Protection constitutionnelle du droit de propriété », *RTD civ.* 1999 p 132

ZENATI F., « Les meubles meublants », *RTD civ.* 1996 p 650

ZENATI F., « Pour une rénovation de la théorie de la propriété », *RTD civ.* 1993 p. 305

Ouvrages non juridiques

Meubles et immeubles, Direction du patrimoine, Caisse nationale des monuments historiques, Association pour la sauvegarde et la mise en valeur du patrimoine, Actes des entretiens du patrimoine, 1993

Patrimoine, temps, espace, patrimoine en place, patrimoine déplacé, sous la Présidence de François Furet, Actes des entretiens du patrimoine, 1996

BABELON J.-P., CHASTEL A., *La notion de patrimoine*, Éditions Liana Levi, 2000

COUTAU-BÉGARIE H., SCHMITT J.-M., *Le patrimoine mobilier ; quelle politique européenne ?* Actes de la conférence de Saragosse, Institut supérieur des arts Economica, 1990

HUGO V., « Guerre aux démolisseurs », *Revue des deux mondes*, 1832 p. 341

LENIAUD J.-M., *Les archipels du passé, le patrimoine et son histoire*, Fayard 2002

LENIAUD J.-M., *Chroniques patrimoniales*, Éditions Norma, 2002

QUATREMÈRE DE QUINCY A.-C., *Le préjudice qu'occasionneront aux arts et à la science, le déplacement des monuments de l'art de l'Italie, le démembrement de ses Écoles, et la spoliation de ses Collections, Galeries, Musées* etc., 1796.

Table des matières

QUESTIONS JURIDIQUES

AUX ÉDITIONS L'HARMATTAN

Dernières parutions

QU'EST-CE QUE LE DROIT ?
Théorie syncrétique et échelle de juridicité
Barraud Boris
La définition du droit ici est d'abord lexicographique et scientifique. La théorie syncrétique réunit toutes les définitions du droit en vigueur, loin d'être concurrentes elles s'associent. Ne s'opposant plus, elles se complètent. La seconde partie interroge les dimensions du droit en mesurant le niveau de force juridique par l'application des critères de juridicité. Cette nouvelle forme de rationalité de la pensée juridique permet au juriste de s'ouvrir à tout type de normes sociales tout en sauvegardant l'autonomie conceptuelle du droit.
(Coll. Le Droit aujourd'hui, 25.50 euros, 242 p.)
ISBN : 978-2-343-13423-9, ISBN EBOOK : 978-2-14-005340-5

LA RECHERCHE DE L'ÉQUILIBRE CONTRACTUEL DANS LE CAUTIONNEMENT
Regards croisés entre le droit français et le droit OHADA
Dibangue Guy - Préface de Pascal Rubellin
Le cautionnement est actuellement la sûreté qu'exigent de préférence les banques des emprunteurs. Si le législateur français semble surprotéger la caution par rapport au créancier, c'est l'inverse qui a été retenu par le législateur OHADA. Dans les deux cas, c'est le déséquilibre entre la protection raisonnable de la caution et la préservation des intérêts des créanciers. Suivant les récentes évolutions législatives en France et en droit OHADA, cette thèse vise l'équilibre contractuel du cautionnement dans une démarche de modernisation et de rationalisation de cette sûreté.
(Coll. Droit aujourd'hui, 42.00 euros, 456 p.)
ISBN : 978-2-343-13159-7, ISBN EBOOK : 978-2-14-005369-6

LE DROIT ANIMAL
Morales Frénoy Cathy
Plus qu'un droit protecteur, le droit animal réglemente les différentes utilisations de l'animal par l'Homme. Il est un corpus juridique transversal, issu du droit international, européen et national, qui régit les rapports entre l'homme et l'animal sans toujours offrir une protection juridique souvent souhaitée. Ce guide juridique offre à tout lecteur une étude complète de cette nouvelle discipline.
(Coll. Bibliothèques de droit, 45.00 euros, 470 p.)
ISBN : 978-2-343-12873-3, ISBN EBOOK : 978-2-14-005223-1

QUESTIONS D'ACTUALITÉ EN ÉTHIQUE ANIMALE
Pelé Marie, Sueur Cédric
L'éthique animale qui désigne l'étude de notre responsabilité morale à l'égard des animaux, n'est pas une prise de position mais un questionnement en perpétuelle évolution avec notre culture et notre temps. Cet ouvrage présente plusieurs éléments de réponses aux récentes questions posées par la société sur notre rapport aux animaux. Experts et étudiants abordent onze questions d'actualité en éthique animale. Leurs échanges sont retranscrits.
(Coll. Le Droit aujourd'hui, 24.00 euros, 236 p.)
ISBN : 978-2-343-13489-5, ISBN EBOOK : 978-2-14-005382-5

JE PARLE AUX ANIMAUX
Peter Friedman
Samantha Khury écoute les animaux et leur parle. Grâce à ce dialogue, elle parvient à comprendre leur comportement et à trouver les mots qui les guérissent. Non seulement Samantha Khury comprend le langage de nos fidèles compagnons, mais, en plus, ceux-ci lui confient leurs malheurs. Des propriétaires d'animaux domestiques, des gardiens de zoo et des entraîneurs de chevaux qui l'ont consultée en sont convaincus. Nous la voyons au travail, à l'écoute d'un chat dépressif, d'un perroquet déplumé en manque d'amour ou d'une jument qui a besoin de liberté... « Dans cette Théma Arte sur les rapports entre les hommes et les animaux, *Je parle aux animaux* est le plus intéressant. Sans doute parce qu'il pose la question de la communication avec nos compagnons à quatre pattes. Peter Friedman livre des séquences étonnantes. » (*TéléObs*). « Ce documentaire étonnant parvient à nous convaincre que la frontière entre les espèces est bien mince. Quand on dit que l'homme n'est qu'un animal ! » (*Le Figaro*)
(20 euros)
ISBN : 978-2-336-31591-1

TRAITÉ DE DROIT CONSTITUTIONNEL CONGOLAIS
Esambo Kangashe Jean-Louis
Préface de El hadj Mbodji - Postface de Dodzi Kokoroko
Dans sa conception, son évolution et sa pratique, le droit constitutionnel a toujours eu du mal à s'affranchir de crises politiques. Droit de crises ou de gestion de crise, le droit constitutionnel est avant tout au service des normes, dont le respect par tous contribue au fonctionnement régulier des institutions. Placés dans le contexte congolais, les trois versants du droit constitutionnel, à savoir le droit normatif, celui institutionnel et la branche consacrée aux libertés n'ont pas toujours été en cohérence avec le constitutionnalisme.
(Coll. Études africaines, 39.00 euros, 410 p.)
ISBN : 978-2-343-12352-3, ISBN EBOOK : 978-2-14-005341-2

SUR LE CHEMIN DES SAISIES
L'huissier de justice d'hier à demain
Berthé Ibrahim
Qu'est-ce qu'un huissier de justice ? D'où vient-il ? À quoi sert-il ? Cet ouvrage tente de répondre à ces interrogations et, à travers l'histoire, de peindre les

différentes facettes de ce personnage spécifique du rouage de l'appareil judiciaire dans le temps et dans l'espace, des rives de la Seine en France jusqu'au bord du fleuve Djoliba au Mali.
(25.00 euros, 270 p.)
ISBN : 978-2-343-13501-4, ISBN EBOOK : 978-2-14-005261-3

LES TECHNIQUES D'ENQUÊTE CRIMINELLE
Typologie des crimes et constatations médico-légales
Moutassi Jean-Pierre
L'adoption de la loi de Juillet 2005 portant sur la procédure pénale démontre la volonté du gouvernement camerounais à promouvoir un état de droit. Voici un outil fondamental pour les praticiens du droit criminel : un outil de formation pour les jeunes fonctionnaires, ainsi que pour leurs aînés qui n'auraient pas eu l'occasion de vivre l'expérience des enquêtes judiciaires.
(Harmattan Cameroun, 45.00 euros, 498 p.)
ISBN : 978-2-343-13126-9, ISBN EBOOK : 978-2-14-005224-8

LES CLÉS DES ENJEUX FINANCIERS DU DIVORCE
Rond Patrice - Préface de Laurent Hincker
L'amour s'est consumé, l'argent part en fumée ! À une époque où toujours plus de couples se séparent, la finance du divorce inquiète. Comprendre ses arcanes financières, c'est pouvoir anticiper en cas de conflit au sein du couple. Comment rétablir un budget ou encore évaluer une prestation compensatoire ? À l'aide d'exemples chiffrés, l'auteur indique comment recenser et évaluer les revenus et patrimoines, et présente des méthodologies pratiques pour établir les droits respectifs des époux. L'ouvrage rend compréhensibles les procédures financières qui ont lieu dans le divorce.
(17.00 euros, 156 p.)
ISBN : 978-2-343-11633-4, ISBN EBOOK : 978-2-14-004942-2

LUTTER EFFICACEMENT CONTRE LA FRAUDE
Enjeux stratégiques et opérationnels
Sous la direction de Catherine Véret Jost et Nicolas Dufour
Lutter efficacement contre la fraude pour recycler 50 à 100 milliards d'euros par an dans la croissance économique en France, voici l'enjeu de cet ouvrage qui explicite les leviers d'actions pour y parvenir, avec des retours d'expériences de professionnels et d'académiques. Il s'adresse à tous ceux qui ont la volonté de relever ce défi.
(Coll. Perspectives organisationnelles, 38.50 euros, 392 p.)
ISBN : 978-2-343-13167-2, ISBN EBOOK : 978-2-14-005143-2

L'ENFANT EN PRISON
Sous la direction de Catherine Ménabé et Mathieu Martinelle
Depuis 1946, les femmes détenues ont la possibilité de garder à leurs côtés, en prison, leur enfant jusqu'à ses 18 mois, voire 2 ans. Si la situation est peu étudiée, et souvent méconnue, elle mérite de profondes réflexions. Quelles sont les conditions de vie de ces jeunes enfants au sein du milieu pénitentiaire ? Comment

est assuré leur développement psychomoteur et affectif malgré les contraintes carcérales ? Comment l'univers carcéral s'adapte à la présence d'enfants, non écroués mais, de fait, privés de liberté ?
(Coll. Bibliothèques de droit, 27.00 euros, 274 p.)
ISBN : 978-2-343-13051-4, ISBN EBOOK : 978-2-14-005015-2

LES TRENTE ANS DE LA LOI LITTORAL
Sous la direction de Jean-Luc Pissaloux et Anne Rainaud
La loi Littoral a maintenant plus de trente ans. Loi d'avant-garde, elle vise à concilier la protection du littoral avec le développement économique. Souvent contestée comme trop protectrice, empêchant l'urbanisation, elle est aussi considérée comme un « laisser-construire » dans les zones saturées. Ses concepts sont difficiles à interpréter et appliquer. Les défis climatiques auxquels est confronté le littoral ont impliqué la participation de géographes. La protection des cordons littoraux s'avère aujourd'hui une nécessité.
(Coll. Grale, 39.00 euros, 418 p.)
ISBN : 978-2-343-13140-5, ISBN EBOOK : 978-2-14-004988-0

CICÉRON, PÈRE DE LA CODIFICATION DU DROIT CIVIL
Gilardeau Eric
Confronté à la crise subie par la République, Cicéron cherchait une réponse au chaos des lois et aux contradictions du droit civil. Il en élabora une véritable codification. Du «De oratore» au «De officiis», il critiqua la science du droit et la soumit à la loi naturelle, avant d'instituer une méthode de codification protectrice des droits civils, dont se rapprocheront les codes civils français et autrichien. Il faut attendre les réformes du Code civil allemand de 2001 et du Code civil français de 2016 pour rejoindre Cicéron sur le rôle de la bonne foi et de l'imprévision en matière contractuelle.
(Coll. Logiques Juridiques, 26.00 euros, 248 p.)
ISBN : 978-2-343-13327-0, ISBN EBOOK : 978-2-14-004994-1

DROIT DES SOCIÉTÉS COMMERCIALES OHADA
Akam Akam André, Voudwe Bakreo
Ce livre vise à exposer, expliquer, systématiser et critiquer les règles qui régissent la constitution, le fonctionnement et la disparition des sociétés commerciales. Il montre que le droit des sociétés commerciales OHADA vise la promotion, la protection et la société judiciaire des investissements, autant qu'il tend à protéger les intérêts particuliers. En outre, il met en exergue la richesse, la variété et la modernité du droit des sociétés de l'OHADA, ainsi que l'abondance et la qualité des travaux de recherche des auteurs africains et d'ailleurs qui s'intéressent au droit OHADA.
(Coll. Dynamiques du droit OHADA, 55.00 euros, 752 p.)
ISBN : 978-2-343-12819-1, ISBN EBOOK : 978-2-14-005077-0

Structures éditoriales du groupe L'Harmattan

L'Harmattan Italie
Via degli Artisti, 15
10124 Torino
harmattan.italia@gmail.com

L'Harmattan Hongrie
Kossuth l. u. 14-16.
1053 Budapest
harmattan@harmattan.hu

L'Harmattan Sénégal
10 VDN en face Mermoz
BP 45034 Dakar-Fann
senharmattan@gmail.com

L'Harmattan Cameroun
TSINGA/FECAFOOT
BP 11486 Yaoundé
inkoukam@gmail.com

L'Harmattan Burkina Faso
Achille Somé – tengnule@hotmail.fr

L'Harmattan Guinée
Almamya, rue KA 028 OKB Agency
BP 3470 Conakry
harmattanguinee@yahoo.fr

L'Harmattan RDC
185, avenue Nyangwe
Commune de Lingwala – Kinshasa
matangilamusadila@yahoo.fr

L'Harmattan Congo
67, boulevard Denis-Sassou-N'Guesso
BP 2874 Brazzaville
harmattan.congo@yahoo.fr

L'Harmattan Mali
Sirakoro-Meguetana V31
Bamako
syllaka@yahoo.fr

L'Harmattan Togo
Djidjole – Lomé
Maison Amela
face EPP BATOME
ddamela@aol.com

L'Harmattan Côte d'Ivoire
Résidence Karl – Cité des Arts
Abidjan-Cocody
03 BP 1588 Abidjan
espace_harmattan.ci@hotmail.fr

L'Harmattan Algérie
22, rue Moulay-Mohamed
31000 Oran
info2@harmattan-algerie.com

L'Harmattan Maroc
5, rue Ferrane-Kouicha, Talaâ-Elkbira
Chrableyine, Fès-Médine
30000 Fès
harmattan.maroc@gmail.com

Nos librairies en France

Librairie internationale
16, rue des Écoles – 75005 Paris
librairie.internationale@harmattan.fr
01 40 46 79 11
www.librairieharmattan.com

Librairie l'Espace Harmattan
21 bis, rue des Écoles – 75005 Paris
librairie.espace@harmattan.fr
01 43 29 49 42

Lib. sciences humaines & histoire
21, rue des Écoles – 75005 Paris
librairie.sh@harmattan.fr
01 46 34 13 71
www.librairieharmattansh.com

Lib. Méditerranée & Moyen-Orient
7, rue des Carmes – 75005 Paris
librairie.mediterranee@harmattan.fr
01 43 29 71 15

Librairie Le Lucernaire
53, rue Notre-Dame-des-Champs – 75006 Paris
librairie@lucernaire.fr
01 42 22 67 13

www.ingramcontent.com/pod-product-compliance
Lightning Source LLC
LaVergne TN
LVHW021215061026
849535LV00008B/2743
* 9 7 8 2 3 4 3 1 4 9 8 9 9 *